广西一流学科（培育）建设项目（桂教科研〔2018〕12号）：
百色学院马克思主义理论一流学科（培育）资助
2019广西高等教育本科教学改革工程项目"应用型本科高校校
企'协同创新'对创新型人才培养模式研究与实践"
（项目编号：2019JGA304）阶段性成果

校企合作教育
对创新型人才创造力的影响研究

Research on the Influence of Co-operative
Education to Creativity of Creative Talents

覃庆华 著

经济管理出版社
ECONOMY & MANAGEMENT PUBLISHING HOUSE

图书在版编目（CIP）数据

校企合作教育对创新型人才创造力的影响研究/覃庆华著. —北京：经济管理出版社，2019.1

ISBN 978 – 7 – 5096 – 6371 – 4

Ⅰ. ①校… Ⅱ. ①覃… Ⅲ. ①高等教育—产学合作—人才培养—研究—中国 Ⅳ. ①G649.2

中国版本图书馆 CIP 数据核字 (2019) 第 021263 号

组稿编辑：范美琴
责任编辑：范美琴
责任印制：黄章平
责任校对：赵天宇

出版发行：经济管理出版社
　　　　　（北京市海淀区北蜂窝 8 号中雅大厦 A 座 11 层　100038）
网　　　址：www.E – mp.com.cn
电　　　话：(010) 51915602
印　　　刷：北京晨旭印刷厂
经　　　销：新华书店
开　　　本：720mm×1000mm/16
印　　　张：13
字　　　数：195 千字
版　　　次：2019 年 7 月第 1 版　2019 年 7 月第 1 次印刷
书　　　号：ISBN 978 – 7 – 5096 – 6371 – 4
定　　　价：48.00 元

·版权所有　翻印必究·
凡购本社图书，如有印装错误，由本社读者服务部负责调换。
联系地址：北京阜外月坛北小街 2 号
电话：(010) 68022974　　邮编：100836

前　言

"中国制造2025"背景下，对创新型人才的需求提出了新的要求，培养新型、创新型人才是中国各层次大学的使命，尤其是培养应用型创新人才，是应用技术大学的主要任务。应用技术大学在创新型人才创造力培养方面已经取得了一定的成果，但还存在着一些理论问题需要解决，本书以习近平总书记教育思想为指导，从马克思主义创新理论、协同创新理论方面进行研究和探讨，其目的是构建校企合作对创新型人才的培养模式和创造力。

本书在校企合作教育领域探讨如何培养创新型人才创造力，研究学校校企合作行为与企业校企合作行为，如何通过组织创新鼓励对学生的创造力施予影响。采用定性与定量相结合的方法，拓展了协同理论、计划行为理论。在综合分析和研究中国和其他国家相关文献基础上，着重解决以下几个问题：

（1）校企合作教育能否提升应用技术大学培养创新型人才的创造力？

（2）高校和企业校企合作行为对组织创新鼓励有什么影响？

（3）高校和企业学习环境和工作氛围的交替对学生的创造力有什么影响？

（4）组织创新鼓励对创新型人才创造力有什么影响？

（5）组织创新鼓励在校企合作教育与创新型人才创造力之间起什么作用？

本书的结论及主要贡献如下：

（1）完善了校企合作教育对创新型人才创造力影响方面的研究，改良现有学校、企业校企合作行为测量量表。本书发现，相对于学校校企合作行为，企业校企合作行为对组织创新支持、上级创新支持和同事创新支持的作用更大，验证了在中国应用技术大学校企合作教育中，企业是影响创新型人才培养的最关键因素。

（2）聚焦于协同创新这一研究领域，通过比较研究探索创新型人才培养的关键路径。研究发现，组织创新鼓励在学校校企合作行为中起部分中介作用，而在企业校企合作行为中起完全中介作用。本书探讨了学校、企业两个不同机制下的组织分别对创新型人才创造力产生的影响，揭示了中国企业有在校企合作教育中培养准员工的创造力，在企业内部要积极营造创新氛围、积极鼓励准员工的创新行为，借助校企协同创新这一途径方可获得更多自身所需的创新型人才，为校企合作教育培养创造力提供了研究样本，进一步验证了创造力理论在不同情境下对人力资源管理的普适性。

（3）将组织因素和个体心理因素在宏观层面与微观层面相结合，从协同创新理论出发，验证了创新型人才创造力培养的路径。组织创新鼓励三维度中的三种创新支持对创新型人才创造力有着不同程度的影响，系统地分析组织内部支持对创造力影响差异的重要意义。本书发现，在校企合作教育背景下，组织创新支持是培养创新型人才创造力最关键的因素，从而完善了学校与企业两个不同组织协同创新对创造力影响的理论。

目 录

第一章 绪论 ··· 1

  第一节 研究的背景与问题的提出 ······································· 1

    一、研究的背景 ··· 1

    二、问题的提出 ··· 4

  第二节 研究目的与研究意义 ··· 8

    一、研究目的 ··· 8

    二、研究意义 ··· 8

  第三节 研究内容与研究结构 ··· 9

    一、研究内容 ··· 9

    二、研究结构 ·· 10

  第四节 研究方法与研究技术路线 ······································ 11

    一、研究方法 ·· 11

    二、研究技术路线 ··· 12

  第五节 研究的创新点 ··· 13

  本章小结 ·· 13

第二章 理论基础与文献综述 ·· 14

  第一节 相关概念的界定 ·· 14

一、校企合作教育 …………………………………………………… 14
　　二、组织创新鼓励 …………………………………………………… 15
　　三、创新型人才创造力 ……………………………………………… 16
第二节　理论基础 ……………………………………………………………… 17
　　一、计划行为理论 …………………………………………………… 17
　　二、协同创新理论 …………………………………………………… 21
　　三、马克思主义创新理论 …………………………………………… 24
第三节　文献回顾 ……………………………………………………………… 27
　　一、校企合作教育相关研究 ………………………………………… 27
　　二、组织创新鼓励相关研究 ………………………………………… 35
　　三、创新型人才创造力相关研究 …………………………………… 43
第四节　文献评述 ……………………………………………………………… 49
本章小结 ………………………………………………………………………… 50

第三章　校企合作教育对创新型人才创造力影响理论模型构建 …… 51

第一节　理论构建的质性研究 ………………………………………………… 51
　　一、校企合作教育对创新型人才培养的实践来源 ………………… 51
　　二、理论分析 ………………………………………………………… 53
　　三、研究模型 ………………………………………………………… 60
　　四、理论对比验证 …………………………………………………… 61
第二节　理论构建 ……………………………………………………………… 61
第三节　校企合作教育、组织创新鼓励和创新型人才创造力的关系 …… 62
　　一、校企合作教育对创新型人才创造力的影响 …………………… 63
　　二、校企合作教育对组织创新鼓励的影响 ………………………… 64
　　三、组织创新鼓励对创新型人才创造力的影响 …………………… 65
本章小结 ………………………………………………………………………… 66

第四章 校企合作教育对创新型人才创造力影响研究设计与假设 …… 67

第一节 变量定义与结构维度 …… 67
一、校企合作教育 …… 67
二、组织创新鼓励 …… 68
三、创新型人才创造力 …… 68

第二节 研究假设 …… 69
一、校企合作教育与创新型人才创造力的关系 …… 69
二、校企合作教育与组织创新鼓励的关系 …… 69
三、组织创新鼓励与创新型人才创造力的关系 …… 70
四、组织创新鼓励的中介作用 …… 71

本章小结 …… 72

第五章 校企合作教育对创新型人才创造力影响问卷设计与小样本测试 …… 73

第一节 问卷设计的原则和过程 …… 73
一、问卷设计的原则 …… 73
二、问卷设计的过程 …… 74

第二节 校企合作教育、组织创新鼓励与创新型人才创造力的测量 …… 75
一、校企合作教育的测量 …… 75
二、组织创新鼓励的测量 …… 78
三、创新型人才创造力的测量 …… 80

第三节 小样本测试 …… 80
一、小样本测试的标准与程序 …… 81
二、小样本效度与信度评价 …… 81
三、正式量表维度与题项的确认 …… 90

本章小结 …… 93

第六章 校企合作教育对创新型人才创造力影响变量测量与描述性统计分析 …94

第一节 正式样本数据的质量分析 …………………………………… 94
一、数据收集 ………………………………………………………… 94
二、样本描述 ………………………………………………………… 95

第二节 潜变量测量 …………………………………………………… 98
一、信度分析 ………………………………………………………… 98
二、效度分析 ……………………………………………………… 100
三、内容效度检验 ………………………………………………… 105
四、区分效度检验 ………………………………………………… 105

第三节 样本的描述性统计分析 …………………………………… 106
一、学校、企业校企合作行为描述性统计分析 ………………… 106
二、组织创新鼓励描述性统计分析 ……………………………… 108
三、创新型人才创造力描述性统计分析 ………………………… 109

本章小结 ……………………………………………………………… 110

第七章 校企合作教育对创新型人才创造力影响相关分析与共线性检验 …… 111

第一节 校企合作行为、组织创新鼓励与创造力的相关分析 …… 111
一、同一变量不同维度之间的相关性 …………………………… 111
二、不同变量各个维度之间的相关性 …………………………… 111

第二节 共线性检验 ………………………………………………… 112
一、自变量对中介变量的影响分析 ……………………………… 112
二、中介变量对因变量的影响分析 ……………………………… 121

本章小结 ……………………………………………………………… 128

第八章 校企合作教育对创新型人才创造力影响主效应与中介效应检验 …… 129

第一节 校企合作教育对创新型人才创造力主效应检验 ………… 129

  第二节 组织创新鼓励分维度中介效应检验 ………………………… 132

    一、组织创新支持的中介效应检验 ………………………………… 132

    二、上级创新支持的中介效应检验 ………………………………… 134

    三、同事创新支持的中介效应检验 ………………………………… 135

  第三节 校企合作行为、组织创新鼓励与创新型人才创造力作用

      关系路径分析 ……………………………………………………… 137

  第四节 假设检验结果 ……………………………………………………… 140

    一、组织创新鼓励中介效应检验结果 ……………………………… 141

    二、组织创新鼓励分维度中介效应检验结果 ……………………… 143

  本章小结 ………………………………………………………………………… 150

第九章 研究结论与展望 ……………………………………………………… 151

  第一节 研究结论与探讨 …………………………………………………… 151

    一、研究结论 ………………………………………………………… 151

    二、理论创新 ………………………………………………………… 153

  第二节 研究启示与建议 …………………………………………………… 156

    一、研究结果对学校方面的启示 …………………………………… 157

    二、研究结果对企业方面的启示 …………………………………… 157

    三、研究结果对政府方面的启示 …………………………………… 158

  第三节 研究局限与展望 …………………………………………………… 158

  本章小结 ………………………………………………………………………… 159

附录A ………………………………………………………………………………… 160

附录B ………………………………………………………………………………… 170

参考文献 ……………………………………………………………………………… 175

后 记 ……………………………………………………………………………… 192

第一章 绪论

第一节 研究的背景与问题的提出

一、研究的背景

党的十八大报告明确提出了"全民受教育程度和创新人才培养水平明显提高,进入人才强国和人力资源强国行列,教育现代化基本实现"的目标。在2015年3月中国政府工作报告中,李克强总理提出"大众创业、万众创新"。唐杰(2016)提出中国经济目前需要创新驱动力,创新增长首先要从五大观念开始转变,即重视知识积累、人的投入、未来产品、科学创意以及重视分歧。习近平总书记2012年12月在广东考察工作时强调,"综合国力竞争归根到底是人才竞争""走创新发展之路,首先要重视集聚创新人才"。2013年9月30日,习近平总书记在中央政治局第九次集体学习时指出:"要深化教育改革,推进素质教育,创新教育方法,提高人才培养质量,努力形成有利于创新人才成长的育人环境。"2014年9月9日,习近平总书记在同北京师范大学师生代表座谈时讲话指出:"当今世界的综合国力竞争,说到底是人才竞争,人才越来越成为推动经济社会发展的战略性资源，教育的基础性、先导性、全局性地位和作用更加突显。"2018年，习近平总书记在参加全国两会广东代表团审议时谈及"发展是第一要务，人才是第一资源，创新是第一动力"新主张。党的十九大报告强调："创新是引领发展的第一动力，是建设现代化经济体系的战略支撑。"人才是创新的底蕴，单纯靠要素扩张来支撑经济的时代已经结束，竞争的新时空不允许走资源扩张之路，这注定是不可持续的。因此，必须坚持把教育摆在优先发展的战略地位，普及教育，培养具有创新能力和国际视野的高品质人才。

中国的高新技术产品现已从之前的"山寨"所形成的模仿式的创新，发展到如今的自主开发创新，只有通过拥有自主知识产权的源头创新才能推进整个社会创新发展，进而产生更大的裂变式效果。熊彼特（1912）提出创新是生产要素（产品、技术、市场、资源和组织制度）的重新组合，创新的关键就是知识和信息的生产、传播和使用，创新的目的是为了企业获取更多利润，通过对生产要素的重新组合，实现生产方式和生产体系的"新发展"。彼得·德鲁克则认为，任何改变现存物质财富创造潜力的方式都可以称之为创新，创新是使人力和物质资源拥有更大的物质生产能力的活动，包括技术创新和社会创新，追求取得很大的经济价值与社会价值。熊彼特最早提出创新概念但仅限于经济领域，并认为"决不需要建立在科学上新的发现的基础之上"；德鲁克更倾向于宽泛的理解，认为创新包括技术创新和社会创新，虽然仍属于"物质财富"领域，但不再限于"经济价值"。1942年保罗·斯威齐的《资本主义发展的理论》一书出版，表明西方经济学界进步学者试图运用马克思主义观点系统研究马克思有关资本主义经济发展的理论。但是就全世界整个经济学界而言，只有马克思的《资本论》，才是最早用历史唯物主义的科学观点，剖析和阐明资本主义的产生、发展和趋于灭亡规律的巨著。这启发我们追问，到底是谁最先研究创新理论的。这在当前西方学术霸权的语境中，尤其值得深思。

许湘岳（2011）把创新能力定义为：运用知识和理论，在科学、艺术、技术和各种实践活动中不断提供具有各种价值的新思想、新理论、新方法和新发明的能力。结合以上学者观点，本书认为，创新是个人在完成以原有知识、经验为基础的创建新事物活动过程中所表现出来的潜在的心理品质,其表现形式为在创新活动中所具有的提出问题、分析问题和解决问题三种能力的总和,该能力形成的要素包括遗传因素、环境、实践和创新思维,是通过培养创业意识转为开发创新思维潜力,借助创新活动、创新行为而获得创新成果。

企业的创新包括技术创新(原创创新、既定技术的整合创新)和管理创新(管理思想创新、管理制度创新、管理方法创新、管理决策或执行的创新)两大方面。目前中国企业的生存以消费者的需求为生命线,许小年(2016)提出企业增长的源泉分为市场的扩大和企业效率的提高两个方面,而创新不一定需要高技术。创新是企业向市场提供了别人没有提供的产品、技术和服务,同时,企业通过一种可持续的方式,实现了比其他企业更低的成本。因此,企业从产品到营销模式,从战略到品牌,从内部管理到文化体系等方面都需要有创新。

Theodore(1990)提出真正的创新是创意加执行,需考虑产品的盈利模式,即如何使创新带来经济效益,也要考虑到公司的愿景目标以及战略方面的创新,这些都需要创新团队共同完成。从未来价值链中最有价值的环节看,现在企业创新不仅需要承担风险,更需要进行长期的投资,因此,政府应对企业创新的私有产权予以保护,还要放松管制和全面减税,把更多的资源留给企业和市场去支配。在"中国制造2025"战略背景下,预计到2020年,中国企业对高级技能人才的需求将达1.4亿,特别是创新型人才,缺口将达2200万,创新型人才的培养无疑成为摆在中国工业面前的一道亟待解决的难题(麦肯锡2016)。

习近平总书记深刻理解创新问题在中国现阶段发展过程中的重要价值,指出创新是引领发展的第一动力。只有抓住创新,才能抓住推动中国社会下一步发展的关键环节。用理论创新、制度创新、科技创新、文化创新贯穿党和国家的一切工作,形成全社会范围内的创新发展格局。协调发展既是对发展状态的描述,也是对发展结果的要求。创新型人才培养是快速发展的时代背景下对人才质量提出的要求,是马克思主义中国化过程中不可遗漏的关键发展一环,要结合马克思主义创新理论的与时俱进加以引导。

2017年教育部《关于职业院校专业人才培养方案制订工作的指导意见》指

出，应通过制定专业人才培养方案，总结固化学校推进教育教学改革的最新经验成果，科学构建专业课程体系，创新人才培养模式，整合教育教学资源，创设保障条件，完善教学管理制度和运行机制，有利于促进专业建设、提高人才培养质量，更好地满足建设现代化经济体系对技术技能人才的需求。工作规划设计、方案研究起草、论证审定等各环节要注重充分发挥行业企业作用，要充分考虑学校师生意见，广泛听取各方意见建议，避免闭门造车、照搬照用；方案整体设计应体现人才培养模式改革的新要求，将产教融合、校企合作落实到人才培养过程中，课程教学内容及时反映新知识、新技术、新工艺、新规范。

强化人才培养目标与国家和区域经济社会发展需求的适应度，强化专业能力培养，强化创新创业能力培养，构建与培养目标相适应的课程体系和实践教学体系，培养具有社会责任感、创新创业精神和实践能力的应用型人才，更好地服务地方经济社会发展，更是中国各层次大学的使命，尤其是培养应用型创新人才，是应用技术大学的主要任务。应用技术大学在创新型人才创造力培养方面已经取得了一定的成果，但还存在着一些理论问题需要解决，因此，本书是基于中国企业对创新的需求与创新型人才短缺的矛盾这一背景下展开的。本书将对这些问题从理论上进行研究和探讨，其目的是构建校企合作对创新型人才的培养模式并提高人才的创造力。

二、问题的提出

本书提出两个问题：

（1）中国应用技术大学人才培养的必由之路是什么？

斯坦福大学在 2013 年发布的 2025 计划中提出：开环大学（Open–loop University）、自定节奏的教育（Paced Education）、轴翻转（Axis Flip）、有使命的学习（Purpose Learning）四种新型教育模式（王佳等，2016），这为未来大学的发展勾画了新的建设蓝图。中国应用技术大学就是以应用技术类人才培养为办学定位的地方本科和专科院校，成为中国现代职业教育探索应用型办学模式的新领域。此类高校目前对学生的培养更多地注重于创业教育，如从大学一年级就开设

《大学生创业基础》《创办你的企业》等相关创业课程,从国家以及地方和高校层面举办各类创业大赛,对创新教育的投入和重视程度不足。

在组织中协同创新要求所有人先要有共同愿景,通过协同合作实习既定目标(陈劲,2012)。中国要依靠产、学、研等创新主体的通力协同,构建国家创新系统内部知识生产、知识转移和知识利用的畅通网络,实现自主创新的战略目标。

20世纪中叶以来协同创新研究主要包括三大类型(见表1-1):

表1-1 协同创新的三大类型

类型		相关文献
I	基于国家创新系统宏观视角的研究,探索国家创新系统以及内部各创新主体之间的协同创新规律,随后演化出区域创新系统研究和产业创新系统研究	Freeman, 1987; Nelson, 1993; Lundvall, 1992; Patel & Pavitt, 1994; OECD, 1996; 陈劲, 2000; 许庆瑞, 2010; Malerba, 2004; 柳卸林, 2011
II	基于企业视角,研究企业开放式创新对国家创新系统的作用	Chesbrough, 2003; 陈钰芬、陈劲, 2008
III	基于高等院校视角,研究现代大学教育、研究和服务社会三大职能的均衡协调,三重螺旋式推进国家创新系统发展	Etzkowitz, 1983, 1995, 2002; Clark, 2000; Slaughter, 2004; 王雁, 2005; 王成军, 2005

尽管研究视角不同,但是产学研体系被公认为国家创新系统理论的核心。协同创新基于大学这一核心主体,以知识创新为指向,通过政府、生产和科研机构等多个部门人员共同组建成新的社会组织,势必更加契合中国创新知识的产生、应用与传播。

2016年8月31日,教育部部长陈宝生在十二届全国人大常委会第二十二次会议上提出转型、创新与质量依然是今后一段时期高等教育改革的中心任务。然而,人才培养的同质化、封闭化是高校普遍存在的问题,同质化体现在每个学校几乎都采用与老牌本科院校相同的人才培养方案、途径和做法,单一的人才培养方案不能满足多样化的社会需求;封闭化体现在学校人才培养没有与社会深度协作、融合,没考虑到社会和区域经济发展的需求,相对封闭的培养或校企合作上的简单化操作，使得培养目标无从落实、无法实现，从而导致人才培养不能满足社会需要。因此会出现两个根本性问题：一方面，高校培养出来的学生普遍缺乏实践经验，动手能力不强，与企业实际用人需求相去甚远；另一方面，企业很难在市场上直接招聘到所需要的人才，新员工入职后需要企业对其进行1~3个月的适应期培训后才能正式上岗，企业在员工培训方面的用人成本偏高。如高校能够按企业的用人需求开设相关课程，学生在走出校门前就已经把相关课程修完，并进入企业后在行内人士的指导下独立完成见习和实习阶段的学习，毕业前就拥有相关行业的实践经验，一旦踏上工作岗位就能做到直接上岗，无疑可以大大降低和缩短企业的培训成本及时间，同时也能极大提高高校学生的就业竞争力、拓宽高校毕业生的就业渠道。

2017年，教育部公布"双一流"建设高校名单和"双一流"建设学科，旨在推进中国高等学校建设世界一流大学和一流学科的进程，"协同创新"已经成为高等教育领域的一个热点话题。作为以服务地方经济社会发展为主要使命的应用技术大学，通过创新或协同创新的方式融入地方发展是极为必要的。应用技术大学属于服务地方的新建应用型地方高校，背景多为高等职业专科学校升本而来，此类高校积极开展协同创新，最根本的原因在于其已将促进地方经济社会发展作为自身存在的意义之一，而要促进地方经济社会发展，就必然要将知识技术应用到现实中去，共同构建协同创新。理念上形成"参与建设""服务地方"的新大学精神，协同创新才能从单纯的手段性、工具性的活动，变成高等学校内在目标的一部分。一旦形成了稳定的追求目标，应用技术大学会通过协同创新努力探索人才培养路径，从顶层设计中找到目标和动力。因此，协同创新已经成为中国应用技术大学人才培养的必由之路。

（2）中国创新型人才培养的重要途径是什么？

2017年7月12日，国务院出台文件，将继续深入实施创新驱动发展战略，扩大"创新创业"的范围、层次和程度，对保障扩大就业、优化经济结构、加快新旧动能转换和提高国民经济竞争力具有重要意义，包括创新政府管理、优化"双创"服务、拓展融资渠道、稳步扩大创业创新公司债券试点规模、促进产业升级引导大型企业开展内部"双创",更有效推进高校和科研院所"双创"的措施、强化人才支持,落实和扩大高校、科研院所各类创新主体对人才激励的自主权。

中国企业的技术转移不仅是科技创新获得的重要形式,也是中小企业站住脚并快速成长的重要途径,其优势是更容易实现科研成果转化,而中国企业技术转移和创新驱动面临的障碍中,首要的问题是如何培养更多创新型人才问题。创新型人才能够在其专业领域不断提出新颖的创意或设想,具有发现和解决新问题的能力,并依靠其创新思维方式,带动其他如逻辑能力、动手能力、执行能力等一系列能力的提升,是未来最合乎社会需求的人才类型(张立阳,2016)。

从知识结构和能力结构的角度来看,三种类型的创新型人才所应掌握的知识和能力如表1-2所示:

表1-2 创新型人才类型

	从知识结构角度	从能力结构角度
设计型	基础知识、专业知识、延伸专业知识及创新方法知识	既具备扎实的技术能力,又具备一定的开拓创新能力,能够捕捉商业机遇,能将技术转化为生产力的能力
复合型	基础知识和专业知识、跨专业知识及创新方法知识	
服务型	基础知识、专业知识、跨学科知识及创新方法知识	创新人才既具备一定的技术能力,又具备一定的分析决策能力、开拓创新能力及人际关系处理技巧等能力

资料来源:张似阳. 应用技术大学创新型人才培养模式探讨. 文教资料,2016(3):109-110.

校企合作是高校和企业开展技术创新活动和交流技术积累的重要桥梁,是创意产生和实现以及交易的重要途径。2016年5月,西门子与中国教育部签订《教育合作备忘录》,面向"中国制造2025",为中国培养创新型人才。一方面,应用技术大学通过借助企业所能提供的新技术和新方法来培养人才,学生可以自己研究兴趣和方向为出发点,发现问题并找到解决办法。另一方面,通过校企合作教育联合培养创新型人才是让学生将理论知识运用到实际操作中的开放式教育类型。因此,校企合作教育是中国创新型人才培养的重要途径。

第二节　研究目的与研究意义

一、研究目的

本书在综合梳理相关文献后着重解决以下几个问题：

（1）校企合作教育能否提升应用技术大学所培养的创新型人才的创造力？

（2）高校和企业校企合作行为对组织创新鼓励有什么影响？

（3）高校和企业学习环境和工作氛围的交替对学生的创造力有什么影响？

（4）组织创新鼓励对创新型人才创造力有什么影响？

（5）组织创新鼓励在校企合作教育与创新型人才创造力之间起到什么样的作用？

通过梳理校企合作教育、组织创新鼓励和创造力之间的关系，完善应用技术大学创新型人才创造力培养理论模式构建。

二、研究意义

1. 理论意义

（1）从战略型人力资源管理视角出发，拓展和深化现有的研究成果。

（2）通过定性与定量研究相结合，进一步丰富并发展校企协同创新理论。

（3）建立了校企合作教育对创新型人才创造力培养理论模型，考察了校企合作教育、组织创新鼓励以及创新型人才创造力三者之间作用的方向、程度和途径，为计划行为理论、协同创新理论提供了新的研究视角。

2. 实践意义

（1）通过拓展校企合作开展创新型人才培养，探讨应用技术大学如何为用人单位提供创新型人才，同时构建了新的理论框架。

（2）丰富校企合作模式的研究。探讨应用技术大学如何按照"一线需要什么样的人，高校就培养什么样的人"来定位，通过什么样的校企合作模式培养出来的人才能直接与企业对接，从而提高校企合作的质量。如何通过校企协同来发挥"产教融合、协同育人"的作用，以便进一步提高应用技术大学的办学层次和水平，给企业和政府的人力资源保障提供有力的支持，提高企业参与校企合作的积极性。

（3）在实践中，应用技术大学如何按照企业（用人单位）的标准或实际需求，如企业所需的技术创新、智能制造和创新思维能力等方面所需的人才素质来培养创新型人才。应用技术大学如何借助企业导师制的成熟经验，合作建立创新创业导师制（企业导师＋校内导师），构建校企合作创新型人才培养模式。通过校企合作达到双方的资源互补和共享，培养学生创造力和实践操作能力。为企业提供充足的人才后备军，有利于指导企业招募、配置和培训等人才资本投资等方面的管理实践。

（4）从企业和学校组织管理层面，如何正确营造创新氛围，企业战略、资源、核心竞争力能否与应用技术大学协同发展。企业、学校组织之间如何构建创新型人才培养模式，该模式培养出来的人才能按企业的标准和实际需求量身定制并能为其所录用。

第三节 研究内容与研究结构

一、研究内容

（1）通过回顾和评述中国和其他国家学者的研究成果，进一步明确本书所研究的问题并理清研究思路。

（2）在质性的基础上，构建理论模型并提出研究假设，改良和构建测量校企合作教育、组织创新鼓励（即组织创新支持、上级创新支持、同事创新支持)、创新型人才创造力的量表,并根据小样本数据探索性因子分析的结果修正相关量表。

(3)采用大样本问卷调查,利用 SPSS 和 AMOS 等软件进行假设检验,并根据检验结果得出研究结论,最后从学校、企业两个层面提出参考建议。

二、研究结构

第一章首先探讨中国企业对创新型人才的需求以及现有创新型人才短缺的矛盾,提出研究问题。其次介绍本书所要研究的对象及内容,描述本书所要解决的问题及研究方法,同时对本书中的主要创新之处加以说明。

第二章首先对所研究的相关概念与计划行为理论、协同创新理论原理进行阐述,为校企合作协同创新提供理论依据。其次通过文献综述对校企合作教育、组织创新鼓励、创新型人才创造力进行了阐述,明确现有研究的不足和研究的切入点,指出从人力资源的视角来分析创新型人才创造力是一个有潜力的研究。

第三章通过质性研究从参与校企合作的学校、企业入手,在分析双方需求以及组织关系内涵的基础上,阐述校企合作教育、组织创新鼓励、创新型人才创造力的关系,运用分析归纳法,提取出主要概念及影响因子,确定校企合作教育对创新型人才培养的理论构建。

第四章定义研究变量及确定结构维度,最终确定校企合作教育分为学校校企合作行为、企业校企合作行为两个维度;组织创新鼓励分为组织创新支持、上级创新支持和同事创新支持三个维度;创新型人才创造力一个维度,并提出相关假设。

第五章进行问卷设计与小样本测试,并对小样本效度与信度进行探索性因子分析,最终确认正式量表的维度与题项。

第六章对正式样本数据进行内部一致性信度和效度分析以及验证性因子分析,接着进行内容效度和区分效度检验。

第七章对校企合作行为、组织创新鼓励和创新型人才创造力进行描述性统计分析、相关分析,并对自变量对因变量和中介变量对因变量的影响分别进行检验。

第八章对校企合作教育对创新型人才创造力影响进行实证检验,采用回归分析方法，结构方程模型对校企合作行为、组织创新鼓励与创造力之间的作用关系进行分析，包括校企合作教育对创新型人才创造力主效应检验、组织创新鼓励的中介作用检验。

第九章提出本书研究的局限性并对未来研究进行展望。

第四节 研究方法与研究技术路线

一、研究方法

（1）文献研究。本书在计划行为理论、协同创新理论基础上，将定性与定量相结合进行实证研究，运用实证研究方法验证校企合作人才培养模式，同时，在实证研究中贯穿一些描述性统计、检验标准衡量等方法。

（2）深度访谈。本书以参与校企合作企业与校企合作联合培养出来的学生为对象，通过半结构式访谈，发现问题，确定子变量，集中梳理访谈过程中各变量之间的关系，从而构建理论模型，并根据各变量间的关系寻找问题产生的原因，再通过文献检索法对其他学者所研究的理论基础进行详细的对比分析。

（3）问卷调查研究。运用问卷调查、统计分析、回归分析等方法对校企合作教育对学生创造力的影响进行实证研究。具体采用封闭式问卷（主要用 Likert 五级量表法，要求被测试者从"1-非常不同意"到"5-非常同意"中做出选择）收集数据，同时要对相应的案例研究对象开展调查分析，提高研究的针对性和具体性。

（4）SPSS 统计分析。通过问卷调查法收集相关数据，借助 SPSS 统计分析软件来分析和处理研究数据，对于研究中现有的学校校企合作行为和企业校企合作行为的量表，采用演绎法和归纳法相结合的方式，通过半结构式访谈和文献梳理进行改进，对于组织创新鼓励、创新型人才创造力则采用已有的成熟量表测量并进行描述性统计分析、相关分析、OLS 回归分析。

（5）构建 SEM 结构方程模型。结合校企合作教育、组织创新鼓励与创新型人才创造力三者之间的量表进行小样本测试，根据结果形成正式调查问卷，通过大样本抽样方法，对广西四所应用技术大学中 450 位参加过校企合作教育的实习生进行问卷调查，运用 AMOS 构建结构方程模型进行区分效度检验，通过对不同因子模型的比较，观察不同模型的拟合指数进而判定因子结构的优劣，探讨组织创新鼓励的中介效应，最后得出假设检验结果。

二、研究技术路线

研究技术路线如图 1-1 所示：

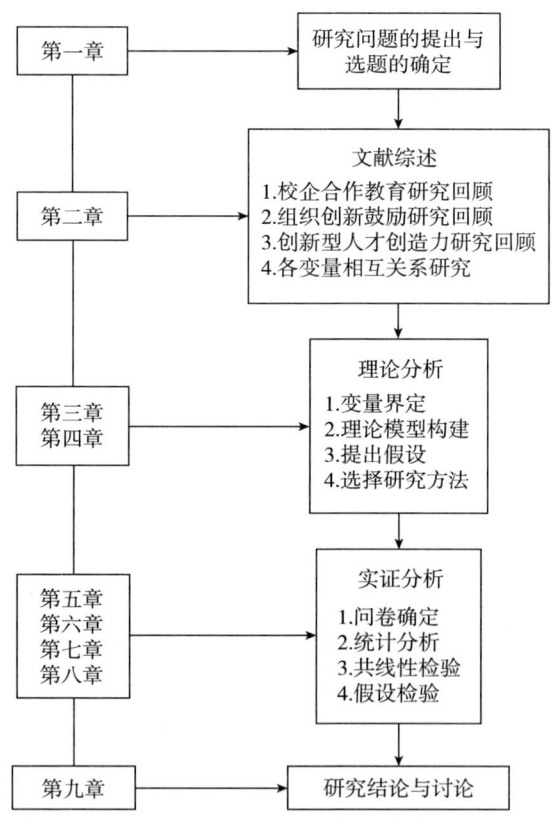

图 1-1 本书研究技术路线

第五节　研究的创新点

（1）完善了校企合作教育对创新型人才创造力的影响研究，改良了现有学校校企合作行为与企业校企合作行为测量量表。本书发现，相对于学校校企合作行为，企业校企合作行为对组织创新支持、上级创新支持和同事创新支持的作用更大，验证了在中国应用技术大学校企合作教育中，企业是影响创新型人才培养的最关键因素。

（2）聚焦于协同创新理论，发现组织创新鼓励在学校校企合作行为中起部分中介作用，而在企业校企合作行为中起完全中介作用。证明了中国企业有在校企合作教育中培养准员工的创造力，一定程度上在企业内部要积极营造创新氛围、积极鼓励准员工的创新行为，借助校企协同创新这一途径方可获得更多自身所需的创新型人才，验证了创造力理论在不同情境下对人力资源管理的普适性。

（3）本书发现，组织创新鼓励三维度中的三种创新支持对创新型人才创造力有着不同程度的影响，系统地分析组织内部支持对创造力影响差异具有重要意义。校企合作教育背景下，组织创新支持是培养创新型人才创造力最关键的因素，从而完善了学校与企业两个不同组织协同创新对创造力影响的理论。

本章小结

本章主要提出了研究背景、研究目的、意义和方法，试图在校企合作教育领域引入定量研究，借助组织创新鼓励的中介作用，探讨校企合作培养创新型人才创造力的问题，有一定的创新性。

第二章 理论基础与文献综述

上一章内容主要探讨了本书的研究背景、研究目的、意义和方法,并阐明了协同创新已成为中国应用技术大学人才培养的必由之路,以及校企合作教育对于解决中国创新型人才短缺问题的重要性,本章将对本书中的相关概念进行界定,阐述本书的理论基础,并对相关学者的文献进行综述。

第一节 相关概念的界定

一、校企合作教育

校企合作教育是指学校和企业通过产教融合、协同育人的方式共同培养人才的一种方式和行为,国际上称之为"Cooperative Education",其出发点是高校按照用人单位的需求培养应用型人才,学生一边在学校学习理论知识,一边在企业或校内实习和工作,由学校导师和企业导师以师傅带徒弟或运行项目的方式进行教学与管理,授课期间有教学计划、教学大纲并布置课后练习和实践,借助企业导师的工作检验与学生专业理论相结合,为学生今后顺利就业积累丰富的工作经验。中国学者又把校企合作教育称为合作教育和产学合作(李进,2004)。

中国应用技术大学多为从职业技术学院或者师范专科学校升格为二本院校，基础设施建设相对薄弱，往往是硬件投入过多而软件缺乏，尤其是师资力量更为欠缺，按照教育部本科教学合格评估的要求，生师比为18:1，中国西部地区和欠发达地区的高校由于地域、待遇缺乏优势，引进高学历、高职称的人才较为困难，难以达到教育部本科教学合格评估生师比这一指标要求。与此同时，按照相关文件规定，学校外聘来的兼职导师或企业导师可按照2:1来统计，即两个外聘教师可算一个校内教师，因此，此类应用技术大学对校企合作的需求更为强烈，需要通过大量引进和外聘企业导师的方式来进一步加强和完善师资队伍，同时，借助企业的技术、设备、先进的工艺和创新的理念，可使大学的专业建设和人才培养目标更容易落地，培养出来的毕业生更加能受到用人单位的青睐，利用学校和企业教育环境和资源，采取项目引领、结果导向、"学中做""做中学"顶岗工作实践等方式，来培养用人单位所需要的应用型、创新型人才（金薇，2008；孙琳，2003；赵月桃，2004）。

本书所研究的校企合作教育，基于应用技术大学、企业两种不同的组织，分别提供教育资源和环境，充分实现学校理论教学与企业实践教学有机结合，为用人单位定制创新型人才。而合作的主体是学校和企业，目标是培养学生能为企业所录用，借助学校和企业不同的培养氛围，让参与校企合作的学生能在学校学生和企业员工两种角色中转换，在校内指导老师和企业导师的指导下，经由组织创新鼓励实践来培养其创造力。

二、组织创新鼓励

Amabile（1988）提出了研究组织创新氛围的 KEYS 量表，组织创新支持、上级创新支持和同事创新支持属于组织创新鼓励的三个部分，属于组织创新氛围研究中被关注最多的、内涵最宽广的方面，不同学者从不同方面进行了表述，代表文献包括 Amabile（1988，1995，1996，1997）、Zhou（2003）、James & Ashe（1974）和 James（1990）。Amabile（1996）发现，组织内的创造力心理情景会影响创意的产生，也就是说工作环境会对员工创造内驱力有影响。以上学者对个人和组织创新鼓励研究尽管视角不同，但都突出了以下方面：一是情景对人类行为的影响最为重要，家庭、学校和社会环境作为个人成长的"大熔炉"，持续地影响个体行为的变化，个体行为在不同的环境影响下会对组织产生不同的效果和影响力。二是组织氛围是个体主观知觉的组织环境，个体对其工作环境的整体感知都会受到行业和企业情境的影响。James（1990）提出，工作环境的整体感知包括工作团队的合作、角色压力与冲突、工作的挑战性与自主性、领导促进与支持四个维度。三是文化与氛围两者之间的不同，文化反映组织内外部成员对组织行为的态度，氛围是组织内外部成员对于环境所达成的共识，因此，氛围是文化的社会知觉体现，组织文化反映组织的共享信念（Lewin，Lippitt & White，1939）。

因此，本书认为组织创新鼓励指的是学生在学校组织和企业组织两种氛围下学习和实践，在两种不同氛围和不同类型导师、同事的共同指导下所获得创造力的过程。

三、创新型人才创造力

Amabile（1996）把员工创造力定义为员工产生新的和有用的想法，这些想法是关于产品、服务、流程和程序的。Sawyer 和 Griffin（1993）、Shalley（1995）提出的创造力是员工的一种能力，这种能力能为企业产生新颖而有用的构想、产品、过程和服务。换句话说就是，相信自己拥有改变世界的才能，心理学上也称为自我效能，即指个人能否成功地对某一行为进行主观判断，与自我能力感同义，如果工作结果未能得到上级的肯定或者在工作中常遭遇挫折，自我效能会逐步降低，而自我效能高的人较为乐观，能努力克服困难和承担有挑战性的工作。

以上学者对创造力的研究尽管视角不同，但都突出了以下方面：一是突出创造力的本质为独特性、新颖性和有用性，不同派别分别从人格角度（张庆林，2002）、创造过程角度和产品/结果角度（Barron，1955；Zhou & Oldham，2001）来定义，研究角度多元化。二是厘清创造力与创新的不同点，创造力是指创意的产生，先有创造力才能有创新，即个体、团队和组织层面所实施的创意（Amabile，1996；Mumford & Gustafson，1988；Scott & Bruce，1994）。三是创造力的基本特征包括：人人皆有并在人们的实践和认识活动中不断产生；创造力可以不断开发且潜能无穷。在思考过程和结果中体现创造力，是运用创造思考来解决问题的过程。

本书关于创新型人才创造力的定义采用 Amabile（1997）和洪燕云、何庆（2009）的观点，即创造力是一种思考能力，通过思考产生新奇性和适用性想法，具有敏感、变通和流畅等特质。每一个人身上都存在这种能力，创新型人才创造力的开发和拓展来自于学校、企业、教育、家庭和生活，个人的成长、学习和工作环境对其创造力的产生和发展尤为重要。

第二节 理论基础

一、计划行为理论

对于行为动机的预测基于理性行为理论为代表（Fishbein & Ajzen，1975），该模型提出态度和主观规范，通过行为意图而导致行为的产生。该理论认为，行为的有意的决策结果与其态度和主观规范相关，即个人对某件事情的态度越正面，所产生行为就越正面，态度是个人主观的影响，主观规范是外界对个人的影响。借助行为意图作为中介变量，即个体是有意识地控制行为，而从心理层面来看，个人态度、意图和社会情境更能产生对行为的影响。该行为理论如图 2 - 1 所示：

Ajzen（1980）研究发现，意图和行为会随着时间的推移而发生变化，意图会降低行为的可能性。因此 Ajzen（1985）在研究中增加了认知行为控制的新变量，通过认知行为控制这一干扰变数，能直接作用于行为意图和行为（见图 2 - 2）。

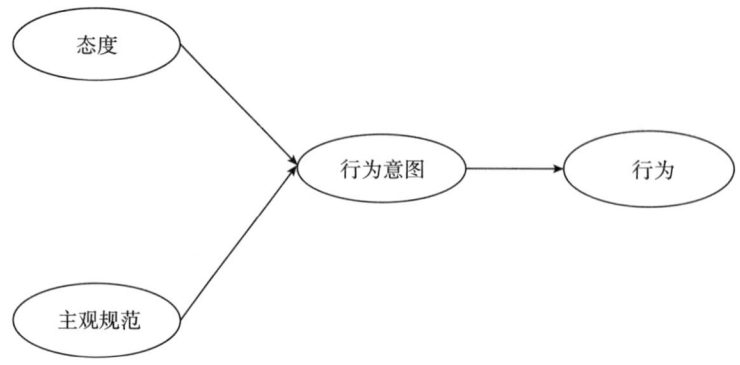

图 2-1 理性行为理论模型

资料来源：Ajzen, I., Fishbein, M. Belief, attitude, intention and behavior: An introduction to theory and research. Reading [M]. MA: Addison-Wesley, 1975.

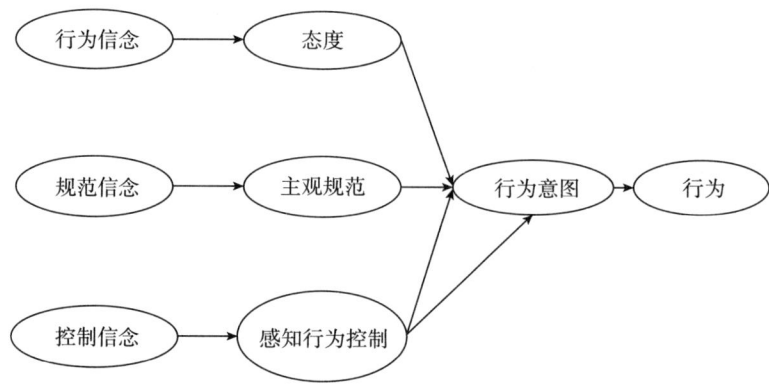

图 2-2 计划行为理论模型

资料来源：Ajzen, I. From intentions to actions: A theory of planned behavior in action control [M]. Springer Berlin Heidelberg, 1985.

该理论说明当个体的信念越强，就会产生更多行为控制感，该理论把行为信念和规范信念中的控制信念分离出来，作为独立的行为决定因素，说明意愿如能控制行为，意图就能预测行为。个人执行层面通过行为态度反映，主观规范是个人是否应执行这一特殊行为的感知能力，源于实施该行为决策的其他人对其行为的期望，依次由行为信念和规范信念决定。行为信念是指个人依从他人的期望的意向，规范信念是指个体预期会期望别人执行某种特定行为。Ajzen（1985）提出感知行为能控制反映个体行为的知觉，特别是对促进或阻碍执行行为的因素，个体对行为控制能力的表现会根据执行行为的难易程度决定。计划行为理论感知行为控制内涵来源于自我效能感（Bandura，1997），校企合作教育在执行行为层面强调学习的社会互动性以及情境性，即提供企业经营管理过程中真实的项目或案例，通过和学校及企业导师交互过程中，结合学生的专业、技能、学习经验，通过自己的行为意图完成对知识、创新等方面的个人素质建构。

Ajzen 和 Madden（1986）通过两个实验检验计划行为模型，一是以学生到课率为对象，二是以学生在一门课程中获得优异成绩，该学生所形成的态度、主观规范、感知行为控制和意图。常峰等（2013）在研究大学生出勤行为时发现能更好地了解课程、能拿高分以及促进与老师和同学的交流为到课的正面评价，而错过睡眠和错过户外活动，加上对某些课程不感兴趣则为负面评价。教师、父母、朋友认为其应出勤，而同学都会将按时出勤作为主观规范，老师、父母和朋友的在意程度是其出勤率高低的遵从动机。对大学生来说，感到疲倦、不能完成课程任务、上课遇到意外事情和任课老师不点名等因素都会影响大学生出勤行为控制信念（常峰、余丽丽、熊莎莉，2013）。从而构建了大学生出勤理论模型，如图 2-3 所示：

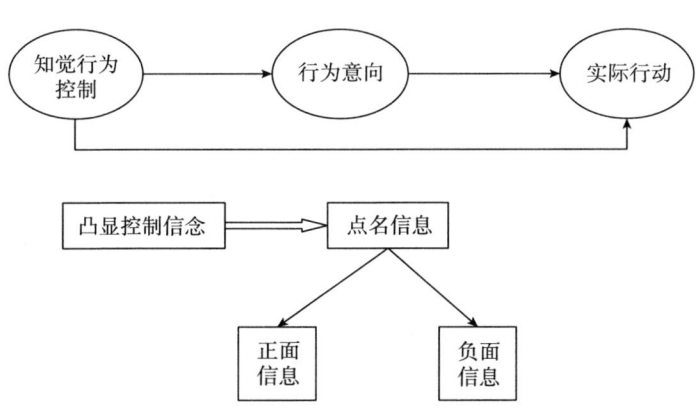

图 2-3 大学生出勤概念研究模型

资料来源：刘喆. 基于 TPB 和 TAM 模型的教师信息化教学行为［J］. 现代教育技术，2017，27（3）：78-84.

刘喆（2017）在基于 TPB 与 TAM 模型的教师信息化教学行为中发现，行为态度、感知行为控制和感知有用性都通过行为意向正向影响教师信息化教学行为，基于行为态度的影响，高校可利用激励机制提高教师信息化参与度和积极性，培养起情感性态度；基于感知行为控制，高校应建设信息化平台，组织培训并设立信息化教学监控和评价体系，从而形成有组织创新支持的教学创新环境氛围；基于感知有用性，高校可从效用价值和教学需求视角，让教师接受信息化教学并对教师提供资源服务和教学支持。

计划行为理论对创新型人才创造力的培养具有重要意义。创新型人才创造力培养的首要目标是培养学生的创新行为从而产生创造力，而学生在学校进行理论学习的过程中应充分掌握专业相关知识，学习各类选修和必修课程，最后能通过期末考试并拿到相应的学分，这是其学习的态度；学生在校期间遵守学校的各项规章制度，上课不迟到、不早退、认真完成教师所布置的作业是其主观规范。个人的创新行为难以通过课堂讲授让学生客观理解和运用，只能借助课堂学习之外的其他途径来培养，如参加社团活动、创新创业大赛、学科竞赛、文艺演出或在参与企业实习中认真做事和用心思考等，这些都是由学生的感知行为控制和行为意图来决定的。如能给学生打造工作中的场景，让学生通过身临其境的学习获取非结构性的知识，从而形成创意，再通过与企业、教师和同学的合作获取创新知识和形成创造力。

计划行为理论能实现学生从被动地学习到主动学习的灵活转换，在教学中借助企业导师的参与和指导，对不同类型、不同专业、不同学科的学生进行个性化的培养，教师角色转换为导师，是学习情境的设计者和学习效果的总结者，学生创新能动的学习受到鼓励和支持，培养学生学习兴趣以利于其创造力的提升和激发。基于以上分析可知，借助高校校企合作教育能进一步提高学生对专业知识和个人创造力培养的信念。

二、协同创新理论

1. 协同

哈肯于 1971 年提出协同理论,即在复杂的系统中,在各个子系统之间进行相互协调、协作和相互竞争,使得整个系统形成新质的稳定、有序结构,最终达到 1+1>2 的效果(哈肯,2005)。Ansoff(1965)将协同(Synergy)引入管理学研究中。协同是企业成长的驱动力,也是企业多元化战略框架中的组成部分。Chandler(1965)指出,企业的效率与财富的创造离不开专业化分工基础上有效的协同和管理,凸显出协同理论在企业管理中的重要性。Barnard(1968)认为协同是组织概念的核心内容,包括物质系统、生物系统或心理系统等两个或两个以上的人的活动或力量。

Porter(1985)和 Ensign(2009)指出,企业的整体竞争优势可通过业务单元之间的资源和技术共享,并协同发展业务上的相关性能来实现。网络组织中企业间的交叉互动与水平业务过程相匹配可获取协同利益,企业间协同在市场与行政机制下又有所不同(Juga,1996;孙国强,2003)。关于企业资源的协同与路径问题,还有学者从核心竞争力与企业资源协同、企业组织学习协同机制等方面进行了探讨,并构建了相关学习模型(韩伯棠,2003;许学国,2006)。

2. 协同创新

Bransford(2005)将协同创新教育理论引入教育领域,探讨了教育系统中的各个子系统发挥自组织能力,证明了在一定条件下,协同创新教育所形成的合作、协同、同步、互补的协同效应。马奇(2010)提出学校经验式学习的误差,新员工的绩效随着经验的增长而降低,详细阐述了经验知识和教育知识管理的具体操作方法,即经验知识有很强的时空聚焦性,能够直接应用于具体情境,而学术知识强调普遍有用性。协同创新结构如图 2-4 所示:

基于协同创新的产学研合作方式在中国国家创新体系中,是最重要的创新模式,知识增值的效率和运行模式很大程度上会影响合作绩效的高低。协同创新是科技创新的新范式,具有整体性和动态性的主要特点,主要表现为产学研合作的过程，其理论框架如图2-5所示：

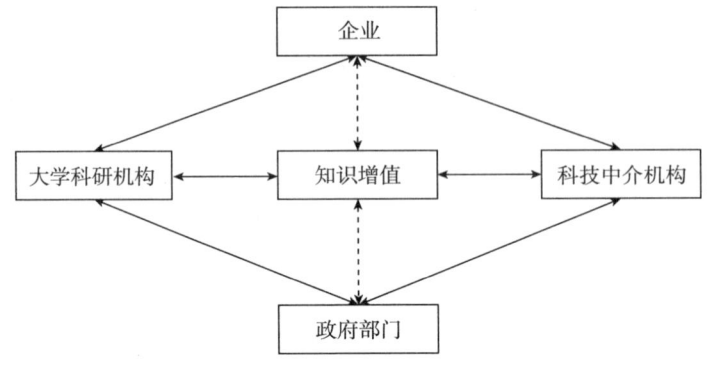

图2-4 协同创新系统结构

资料来源：陈劲，阳银娟. 协同创新的理论基础与内涵［J］. 科学学研究，2012，30（2）：161-164.

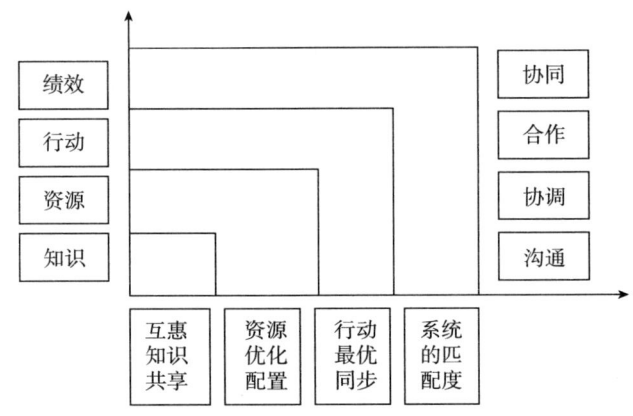

图2-5 协同创新理论框架

资料来源：陈劲，阳银娟. 协同创新的理论基础与内涵［J］. 科学学研究，2012，30（2）：161-164.

沟通过程涉及知识的整合，而大学对于知识的传播、整合和流通起重要作用。协同创新是一种大跨度整合的创新组织模式，包括了学校、企业、政府、中介机构和用户等组织层面，而充分搭建组织和平台，能进一步推进协同创新在实践操作层面上的发展。因此，要通过制定有利的政策与保障措施来支持和发展协同创新平台，加大投入培育有综合竞争力的研发组织，主动加强国内外交流与合作，提高企业的产业创新能力（陈劲和阳银娟，2012）。

何郁冰(2012)在研究产学研协同创新时提出从战略到知识与组织的模式,提出了产学研协同创新的理论框架(见图2-6),阐明了战略协同是基础,知识协同是核心以及组织协同是保证等方面的关系,从而提出产学研知识协同过程(见图2-7),进一步提高高校与企业合作创新的速度与效率。

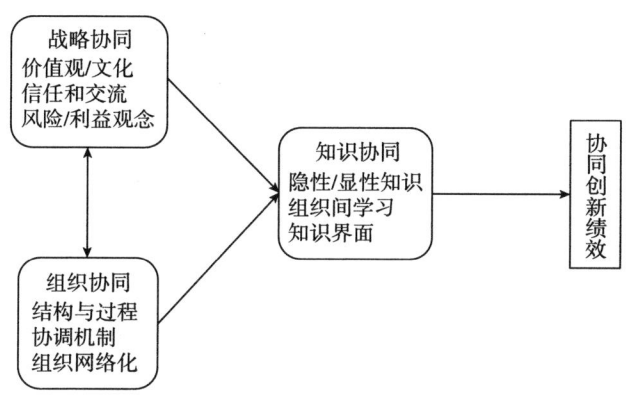

图2-6 产学研协同创新的理论框架

资料来源:何郁冰.产学研协同创新的理论模式[J].科学学研究,2012,30(2).

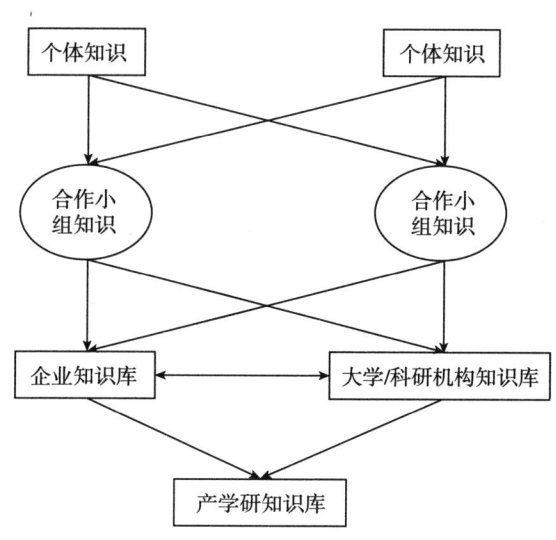

图2-7 产学研知识协同过程

资料来源:何郁冰.产学研协同创新的理论模式[J].科学学研究,2012,30(2).

校企合作作为应用技术大学职业教育的核心与生命力，由于学校和企业的机制、政策和利益诉求点等方面的不同，企业战略、资源、核心竞争力是否能与应用技术大学协同发展，是企业和学校两个组织管理职能应研究的内容，因此，企业与学校之间必然形成组织协同。本书就是基于协同创新理论视角，从企业与学校通过合作与协同，构建学校与企业校企合作培养模式，即从人力资源管理的视角，探讨高校如何借助企业的力量来合作办学，并在联合办学的过程中如何做好组织协同与教育协同。

三、马克思主义创新理论

1. 创新理论研究始于马克思

熊彼特被认为是现代创新理论的创立者。1942年，他在《资本主义、社会主义和民主主义》一书中，提出了"创新理论"体系六个要素：第一，创新是生产过程中自行发生的，"我们所指的'发展'只是经济生活中并非从外部强加于它的，而是从内部自行发生的变化。"第二，创新是"革命性"变化，"而恰恰就是这种'革命性'变化的发生，才是我们要涉及的问题，也就是在一种非常狭窄和正式的意义上的经济发展的问题。"第三，创新同时是对旧组合的否定，"新组合并不一定要由控制创新过程所代替的生产或商业过程的同一批人去执行"。第四，创新是发明（新技术、工具或新方法）的应用，"只要发明还没有得到实际上的应用，那么在经济上就是不起作用的。"第五，发展的本质是创新，"我们所意指的发展是一种特殊的现象，同我们在循环流转中或走向均衡的趋势中可能观察到的完全不同。它是流转渠道中的自发的和间断的变化，是对均衡的干扰，它永远在改变和代替以前存在的均衡状态。我们的发展理论，只不过是对这种现象和伴随它的过程的论述。""我们所说的发展，可以定义为执行新的组合。"第六，创新的主体是企业家，但是这里的"企业家并不是一种职业"，而是资本主义的"灵魂"，职能就是引进新组合，实现创新。其中的首要观点是，用生产技术和生产方法的变革来解释资本主义经济发展。这与马克思《资本论》中关于资本主义经济发展的思想是一致的。但是创新理论不等于"经济发展理论"，就其一般的理解只是对创新的理论认识成果。

而据何畏、易家祥等译的《经济发展理论》一书，经济学家保罗·斯威齐指出："熊彼特的理论与马克思的理论具有某些惊人的相似之处。""对于熊彼特理论的简要概述足以表明，对于他，如同对于马克思一样，都把生产方法的变更看作是资本主义的一个根本特征。"而且熊彼特本人也认为自己只是发展了马克思创新研究中的部分内容。他说："我的结构只包括他的研究领域的一小部分。"众所周知，马克思重视科技、生产力对经济社会发展的作用，但这不限于经济领域，也不限于资本主义社会。而熊彼特认为所谓经济发展就是指整个资本主义经济不断地实现新组合，把创新理论限定在资本主义经济这个较小的范围。显然，创新理论研究始于马克思的工作，并不限于经济创新。

马克思同样较早关注到技术创新问题。在考察人类社会生产力发展演进问题时，马克思重点关注了科技创新对社会生产力发展的推动作用。他曾这样描述科技进步对人类经济生活的影响，"自然力的征服，机器的采用，化学在工业和农业中的应用，轮船的行使，铁路的通行，电报的使用，整个大陆的开垦，河流的通航，仿佛用法术从地下呼唤出来的大量人口，过去哪一个世纪能够料想到有过这样的生产力潜伏在社会劳动中？""劳动生产力是随着科学技术的不断进步而不断发展的。""任何一项重大发明或迟或早地总会被应用于生产领域，转化为现实的生产力。"马克思认为，创新主要包括科学创新、技术创新和制度创新，三者关系密切。正是以对创新问题的全面理解为基础，马克思完整说明了经济发展的一般现实，即"科学技术的不断进步，对于整个产品的商业化起着重要的支撑作用，从而不断推动整个社会的发展。"在马克思看来，创新不仅是一个经济术语，更是一个科学术语。他特别强调了科学创新与生产实践之间的必然联系，指出任何一项科学进步，最终都会应用到生产领域，转化为现实的生产力。

2. 马克思主义创新思想

马克思主义把创新分为：创造、创立、发展、发明、发现、革命、改革、革新、进步和"新事物"等。现有研究的这种思想史"缺失"不但使马克思主义创新理论研究缺乏全面性、整体性，而且无从纠正对创新的庸俗化，不利于构建国家创新体系。因此，我们要考察马克思主义经典作家对相关概念的使用，以明确它们与创新概念的内在联系。

马克思确认：只有人才是世界上唯一能够从事自主的、独立的、全面的创造性活动的存在物，只有人的活动才称得上真正的创造。虽然作者从自己关注的领域把创造概念定位于"人类学的概念"，还不如从哲学角度定位为实践的下级概念，但作者看到了马克思主张人是创造的唯一主体。在马克思主义经典著作那里，创立、发展、发现、革命、改革、革新和进步等都涉及创新的内涵。但主要用革命、改革来描述创新实践，突出创新过程；而用革新、进步来描述创新效果，突出结果。当发展用于人化事物时是从动态角度来说明创新，以前一阶段的创新成果为基础。"新事物"则从静态角度描述创新结果。发现则主要指把握了规律、真相的认识创新。创立被专门用来指对理论、制度和组织的创新，与革新、进步都着眼于创新成果。发明是创新的准备阶段，与创造相近，都需要实践检验；创造是劳动与创新之间的过渡概念，需要把握规律和增加利益总量，才能转化为创新。创新则以创造为基础，必须有利于创造者。明确了这些概念与创新之间的关系，就能以之为关键词研究马克思主义文本，探索马克思主义创新理论的产生及其发展。

总之，马克思主义创新理论是包括了科技创新、经济创新、政治创新、文化创新和社会创新的整体性创新理论。虽然由于当时社会历史条件的制约，马克思恩格斯主要研究的不是创新理论，而偏重于研究关涉自己时代主题的实践领域，从而对于创新问题的论述虽具雏形但不够具体。但马克思主义创新理论在产生阶段，就已经具有马克思主义所要求具备的整体性、全面性，为日后的发展准备了条件。

第三节 文献回顾

一、校企合作教育相关研究

1. 关于校企合作教育培养人才研究

中国政府出台相关政策对校企合作研究起到了重要的推动作用（见表2-1）。

表2-1 2002~2014年中国国务院颁布的相关文件

时间	文件名称	取得成效
2002年8月	《关于大力推进职业教育改革与发展的决定》（国发〔2002〕16号）	明确提出："深化职业教育办学体制改革，形成政府主导、依靠企业、充分发挥行业作用、社会力量积极参与的多元办学格局"，初步体现了国家在职业教育校企合作办学理念方面的总体思路
2005年5月	《关于大力发展职业教育的决定》（国发〔2005〕35号）	首次从国家层面肯定了职业教育校企合作人才培养模式。关于校企合作的文章增速明显，2008年首次达到100篇
2010年7月	《国家中长期教育改革和发展规划纲要（2010~2020年）》	为职业教育发展做了全面部署与顶层设计
2014年6月	《关于加快发展现代职业教育的决定》	

2014年6月23日，习近平总书记就全国职业教育工作会议加快职业教育发展作出重要指示。他强调，职业教育是国民教育体系和人力资源开发的重要组成部分，是广大青年打开通往成功成才大门的重要途径，肩负着培养多样化人才、传承技术技能、促进就业创业的重要职责，必须高度重视、加快发展。习近平指出，要树立正确人才观，培育和践行社会主义核心价值观，着力提高人才培养质量，弘扬劳动光荣、技能宝贵、创造伟大的时代风尚，营造人人皆可成才、人人尽展其才的良好环境，努力培养数以亿计的高素质劳动者和技术技能人才。要牢

牢把握服务发展、促进就业的办学方向，深化体制机制改革，创新各层次各类型职业教育模式，坚持产教融合、校企合作，坚持工学结合、知行合一，引导社会各界特别是行业企业积极支持职业教育，努力建设中国特色职业教育体系。要加大对农村地区、民族地区、贫困地区职业教育支持力度，努力让每个人都有人生出彩的机会。

李克强总理指出，我国职业教育取得长足发展，培养了大规模的技能人才，为经济发展、促进就业和改善民生做出了不可替代的贡献。职业教育大有可为，也应当大有作为。要把提高职业技能和培养职业精神高度融合，不仅要围绕技术进步、生产方式变革、社会公共服务要求和扶贫攻坚需要，培养大批怀有一技之长的劳动者，而且要让受教育者牢固树立敬业守信、精益求精等职业精神，让千千万万拥有较强动手和服务能力的人才进入劳动大军，使"中国制造"更多走向"优质制造""精品制造"，使中国服务塑造新优势、迈上新台阶。要用改革的办法把职业教育办好做大。统筹发挥好政府和市场作用，既要加大政府支持，又要通过政府购买服务等方式，更多促进社会力量参与，形成多元化的职业教育发展格局。要走校企结合、产教融合、突出实战和应用的办学路子，依托企业、贴近需求，建设和加强教学实训基地，打造具有鲜明职教特点、教练型的师资队伍。

2019年4月4日，李克强总理在全国深化职业教育改革电视电话会议上指出：发展现代职业教育，是提升人力资源素质、稳定和扩大就业的现实需要，也是推动高质量发展、建设现代化强国的重要举措。要坚持以习近平新时代中国特色社会主义思想为指导，认真贯彻党中央、国务院决策部署，结合完成2019年扩招100万人的任务，瞄准市场需求和推动中国制造、中国服务迈向中高端，进一步改革完善职业教育制度体系，积极鼓励企业和社会力量兴办职业教育，补上突出短板，推动产教融合，着力培育发展一批高水平职业院校和品牌专业，加快培养国家发展急需的各类技术技能人才，完善人才评价激励机制，持续推进职业技能提升行动，让更多有志青年成长为能工巧匠，在创造社会财富中实现人生价值，为经济社会持续健康发展提供更好的人力人才资源保障。孙春兰副总理强调，各地各有关部门要全面落实职教改革任务，完善体制机制，加强政策保障，形成多元办学格局,提高技能型人才的社会地位和待遇,增强职业教育的认可度和吸引力。加强"双师型"教师队伍建设,及时将新技术、新工艺、新规范纳入教材,推动教学、实训的融合。加快培育产教融合型企业,打造一批高水平实训基地,推动校企深度合作。

构建以就业为导向、体现终身教育理念、面向人人的现代职业教育体系,促进职业教育与其他类型教育有机衔接,畅通人才多元化成长渠道。要创新培养模式,深化产教融合、校企合作,培养更多适应经济社会需要的技术技能人才。要改革办学体制,支持社会力量兴办职业教育,不断增强职业教育发展活力。要把握职业教育规律,坚持把促进就业作为办学导向,把提高能力作为办学目标,把校企合作作为办学制度,把立德树人作为办学根本,努力提高技能人才培养水平。高校与企业的合作能有效提升人才的知识范围和知识绩效。Lee(2010)提出高校应借助企业合作发展创新,通过建立创新制度与机制来进一步完善创新教育。现代大学要求学校开门办学,利用校内外各种资源提高人才培养质量,而通过企业合作办学会带来很多学校本身所缺乏的资源。

Hewitt - Dundas(2013)提出基于国家或地方投资的基金会项目模式;Park(2010)通过研究引企入校,创办大学科技园,企业与大学开展人才培养合作模式;Etzkowitz(2001)提出以强市场导向与高效的培养机制,建立起大学企业教学、科研、生产联合体模式(Etzkowitz,2002;Biggs,2011)。此外,韩国学者Park(2010)还提出大学、产业、政府三螺旋结构理论,进一步推进产、学、研制度结构。中国学者对校企合作模式做研究,具体包括四种模式,如表2-2所示:

表2-2 中国学者校企合作模式研究

类别	学者	相关理论
教学公司模式	汤勇(2015) 肖香龙(2014) 董馨、吴薇(2014)	构建校企协同的组织结构,将企业创业与人才培养视为同等重要任务。校企合作需搭建好企业、行业、政府和学校四个子系统,利用其产生的协同效应来形成校企合作的长效机制。 校企协同创新。

续表

类别	学者	相关理论
产学合作战略联盟模式	李良成（2006） 王雁（2006） 夏亚莉（2008）	有利于企业开发新市场和迅速进入新市场，获得新技能和技术，降低财务风险和分摊研发成本，减少环境的不确定性，获得竞争优势，减少竞争对手。 高校通过战略联盟有助于增进学生的知识，培养学生的创新与创业能力。为学生提供创业学习机会和商业机会，从而增进了学生的创业知识、创业精神和创业能力。 选聘科技型企业人员加入专业教学指导委员会、担任高校兼职教授等，提高人才培养质量和对社会需求的适应性。
导师模式	杨思帆（2010）	采用"专职"或"兼职"的形式聘请科技型企业的相关人员作为创业导师来学校进行指导，是大学与企业开展产学合作并协同对学生进行创业能力培养的一种重要方式。
组织导师制	黄思行、黄亮（2016） 孔庆新（2016） 李丽、傅飞强（2016）	根据组织实际选择合适的导师、有合格的导师和徒弟，创造有利于导师制实施的组织环境。 青少年师徒关系、学生—教师师徒关系和工作场所师徒关系。 以某地产公司为例探讨"1+2+4+3师徒制"人才培养模式，构建学习型企业文化，探讨"师徒制"培养模式制度化和评估与激励。

校企合作教育培养通过企业"做中学、学中做"的项目形式，培养学生创新、实践能力与创业能力（余晓，2012；李伯耿，2011）。黄金丹（2008）认为企业如提供奖助学金，能让高校获得更多用于奖励的专项资金，进一步促进高校对学生创业能力的培养。但现实中，很多高校与企业的合作仅停留在表面，即安排学生到企业顶岗实习，进行"放羊式"管理，实习结束后双方给出成绩评定即结束，很少有企业会把自身的人力资源发展战略与高校的人才培养结合起来，成为一套完整的系统，让学生在学习过程中能充分地融入企业的生产运作。基于此，中国惠普大学（2015）合作项目提出"以终为始""毕业即上岗""到岗即合格上岗""从始至终"的教学目标，以网络培训、建立定向大学生培养基地等模式，与国内很多公司、高校合作联合培养IT界的高科技人才，成为为数不多的通过企业自主研发课程来与学校合作进行培训的成功案例。基于协同创新的校企合作模式，如图2-8所示：

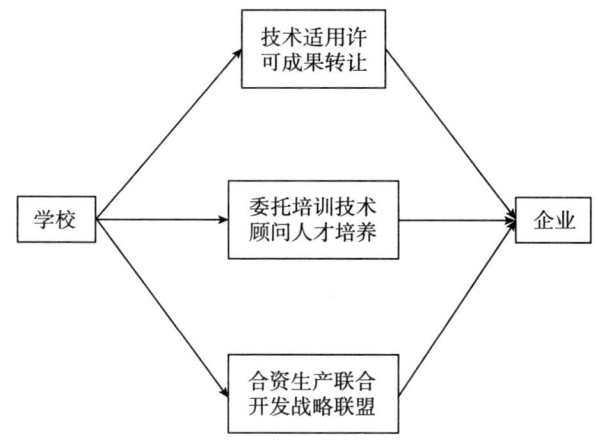

图 2-8 基于协同创新的校企合作模式

资料来源：肖香龙. 基于协同理论的多元平台校企协同发展研究 [J]. 现代教育管理, 2014 (1): 39-42.

2. 关于校企合作模式的探讨

不同国家对人才培养的模式不同，总体是以企业需求为导向，人才培养的整个过程由政府、企业和地方培训机构参与，具体如下：

（1）英国学徒制从学徒到管理者重在实操训练。英国职业教育的典型方式为现代学徒制，该制度覆盖的培训领域非常广泛，而且有着层次分明的基本结构，其与英国国家职业资格制度紧密结合，即到企业中边工作边学习，在学习过程中不断积累工作经验和时间，最后考取相应的国家职业资格证书，其目的是通过师傅带徒弟的方式规范工作中所需的知识、技能和理解力，进一步促进个人终身学习及其在工作现场的能力提升（王怡然和李爱燕，2015）。

为鼓励企业雇用16~24岁的学徒工，英国政府推出雇用学徒工拨款政策，每招募一名新学徒，雇主可以得到相当于1500英镑的经费支持，但招募总数不能超过十名。2015年，英国19岁以上的年轻人中有203万人参加了政府资助的成年人继续教育项目，其中注册参加学徒工的人数超过81万，针对不同年龄不同行业学徒工形式，为英国构建了一支生生不息的产业大军。表2-3为英国国家职业资格各等级所对应的职务：

表2-3 英国国家职业资格各等级所对应的职务

级别	种类
一级	半熟练工
二级	熟练工
三级	技术员、技工、初级管理人员
四级	工程师、高级技术员、高级技工、中级管理人员
五级	高级工程师、中级和高级管理人员

英国的学徒制由各类专业技术学校开设各类课程，涵盖社会所需的方方面面，以餐饮行业为例，学员可在一家与政府签有协议的餐馆边学习边工作，学校通过邮件发作业以及每隔六个星期会进行考核，对学生的工作能力进行测评，让学生在边工作边学习中掌握各类操作和管理技能。

学生获得基于食品安全方面课程的二级资格证书即称为熟练工，即可担任相应职务。三级职业资格要求从业者有能力在不同条件下从事一系列复杂的、非日常性的需要为自己和他人负有责任的活动，就意味着学生了解了初步的管理技巧。在学徒制体系中如取得最高等级的五级资格证，执证者则可从事高级工程师、高级管理人员等相关职位，从学徒变身管理者。通过阶梯化的能力体系、准市场化的运作机制，重视提升能力的考核方式，为学生明晰了职业方向。

（2）奥地利政府企业鼓励员工边工作边学习。奥地利联邦政府采取多种形式促进职业教育发展，支持企业选派职工到各级职业学校进修，派遣高级技术人员参与教学和研究指导，奥地利特色的职业教育关注企业对人才的实际需求，据此组织教学和岗位培训。

以奥地利联邦经济促进学院为例，该学院常年开设3000多个科目的5000多种课程提供给接受培训的人员选择，而达到这种规模的培训中心在奥地利共有

80多家,在总人口数量只有约850万的奥地利,每年接受职业培训的人数高达35万以上。学院所开设的管理课程,主要针对有工作经历但未受过系统职业教育的成年人,培训经费由奥地利劳工部承担。学员有来自食品制造业、医药行业、电力行业的工程人员,并都在各自企业中担任管理职务,学员都希望通过职业继续教育进一步提升自身的管理水平。

在企业需求方面,往往项目开始前就很复杂,在初始阶段需要进行战略管理,对于该企业来说,战略管理也是非常重要的,因此,企业必须有前瞻性,这样才能提升自身的竞争力。据调查,54%参加过职业培训和在职培训的奥地利人认为应参加继续教育,而获得国家立法支持的校企合作共建的办学制度,将奥地利人的智慧与企业对专业技术劳动力的需求有机结合,成为支撑国家经济发展的重要因素和基础保障。

(3)德国大学与企业合作企业资助。德国职业教育以"双元制"为主,双元制是指学生有一半的时间在学校接受专业的理论教育,而另外一半的时间要在企业进行职业的实践。这种体制为德国的企业培养了大量有知识、有技术的工匠,保证了德国制造的高水准,保持着就业的持续增长。

以德国克穆巴赫集团为例,该集团是中黑森技术应用科学大学740家合作企业中的一个中型企业,自2002年中黑森技术应用科学大学开始设立双元制本科及硕士课程以来,已经有2600名学生顺利进入企业。参加双元制高等院校的企业管理学学生,从2014年到2017年的夏末的三个学年包括假期在内60%的时间,都要在企业完成实践课程,学生除了完成每天的生产报告还需参与各类新产品开发的可行性项目。通过与实践紧密联系,可以把遇到的问题带到课堂讨论,理论与实践齐头并进,还有一个积极的因素是企业会给学生发放津贴,与其今后就业的企业有直接的接触机会,为今后的职业生涯做好准备。

双元制的学习让学生与企业建立紧密的联系,并为未来就业打下坚实的基础,同时,双元制教育能进一步促进学生与企业的交流,学生直接接触生产第一线并学习使用技能,会大大提高学生的就业能力。德国双元制高等职业教育框架下企业与学校合作,将学生所学与企业所需紧密联系在一起,教育成本由政府和企业共同分担，企业可以参与制定与企业发展相关的教学内容，甚至是量身打造满足企业需求的高技能和管理人才，企业的现实问题可以直接成为大学课堂讨论研究的课题，双元制因此获得了德国企业的青睐。

双元制是一种理想的教育体制，企业对于学校研讨课的课题提出建议，由学生写出课题报告，大学的教授定期来到企业就专业研究和讨论课题交换意见，对每一个学生的表现进行沟通，形成一种非常活跃频繁的合作与交流。德国经济始终能够非常灵活快速地针对市场的需求进行反应，因此也需要大学的教学内容不断与时俱进，大学才能教出企业生产实践中需要的最新知识和技能。

（4）韩国提升职业教育改变传统观念。职业教育经过近十年的发展，在韩国这个历来重视学历的国家不少学生和父母的想法正在发生改变，不管是白领还是蓝领，工作不分高低贵贱，社会观念也在发生着改变。韩国从2007年开始大力发展职业教育，对现有的职业教育体制进行改革，韩国公民可在职业高中毕业后直接进入职场，累计满3年后可以不参加高考直接进入大学深造。目前韩国已建立起了从初等职业教育一直到高等职业教育，且和经济科技发展相配套的非常完整和健全的一套职业教育体系。

（5）中国依托第三方机构引入"三元制"模式。企业对高校进行投入，按照其对人才的需求量身定制创新型人才，培养的毕业生到该企业就业之后难免会出现人才流失的现象，而且在人才培养投入方面成本过高，导致企业参与的积极性不高，李霞（2015）基于结构洞理论阐述通过校企合作双方需求，引入第三方中介服务机构，打造就业平台，为学生找工作提供更加快捷、便利和直接的服务。重视信息优势和控制优势的发挥，打破信息，建立功能齐全、市场主导的校企合作中介服务体系，提高校企合作的效益。

3. 关于校企合作教育培养人才的成效研究

David（1997）研究发现，校企合作教育在培养人才和学生就业方面都产生了积极的影响，学生毕业后，在是否参加过校企合作教育的学生之间，其薪酬和岗位晋升等方面有明显区别，即参加过校企合作教育的学生更有优势。另外，校企合作内容可作为一门课程进行职业维度和学术维度的整合，进一步发挥出校企合作的优越性，更利于学生就业和继续深造。世界合作教育协会首席执行官 Peter Frank 在 2001 年泰国举办的理事会上，宣读了关于校企合作教育与大学生就业市场的调查报告，报告指出参加过校企合作教育的毕业生比未参加校企合作教育的学生具有更强的适应能力，无论是工作表现还是用人单位的认可度方面都优于未参加过校企合作教育的学生，也更容易获得升职机会，工作的起点也较高并在就业上有明显优势。美国校企合作教育项目所采用的战略与积极的绩效之间存在一定程度的相关性，即不同战略与不同的绩效相关，使用 Porter 战略类型的学校的绩效优于普通学校（Paul, B. William, A. & Stull, 1997）。

中国教育管理模式下如对学生干预过多，其主体性会受到限制，学生的创新能力也就很难在缺乏主体性的环境中培养出来，因此，必须通过营造崇尚创新、鼓励创新的氛围，来进一步改变学生管理和日常思想政治教育的模式。企业利用人才市场、网络、双选会、猎头公司等渠道发布信息招聘员工，通过这些方式招聘到的员工往往与企业自身的定位、企业文化的认同感难以匹配，离职率较高。如果没有相对稳定的人力资本作为保障，企业扩大规模的战略发展计划便难以实现，李健、俞会新（2015）在研究中肯定了人力资本投资对企业绩效起到正向促进的作用，这些作用体现在企业人力资源管理实践活动中。要把员工当作资源，是企业用于投资和开发的对象，而不能只将其视为单一的生产的成本。人力资源部门的重要职能之一，就是要借助教育和培训作为人力资源开发的手段。人力资本投资决策受企业规模制约，企业的规模与其参与校企合作的概率成正比（刘春生，2006；张利库，2007）。因此，企业会对合作院校的师资力量、教学理念、课程改革、培养的人才是否符合企业需求等情况进行筛选（程培埋和顾金峰，2012）。校企合作能否成功的关键是能否获得双赢，通过合作既能为企业带来利益，又能让学校获得自身办学过程中所不具备的资源，学生通过这一平台可以获得实践能力的锻炼。

二、组织创新鼓励相关研究

刘胜等（2013）基于高校产学研协同创新体系研究提出积极推进协同创新需

要营造协同创新氛围,将"协同创新"理念贯穿到高校的创新实践中,如人才培养、科学研究、社会服务与文化传承,突出创新的重要性和强调协同作为办学思路,实现与协作伙伴的有效协同。

1. 组织创新氛围

Amabile 等(1988)提出组织创新的基础是个体创新,企业必须自主创新才能生存与发展,首先要解决如何激发员工的创新行为这一问题。在中国经济转型和社会发展的现阶段,中国的企业不断投入资金、设备、场地等硬件设施,高校则更是如此,很多省市及教育主管部门不定期推出"双亿元""强基创优"等计划,通过国家政策拨款建大量实验室、兴建新校区、盖新教学楼、购置仪器设备等,主要目的是为了激发员工(学生)的创新行为和创造力。

但管理者们所期望的"创新热潮"却尚未浮现,在企业中所谓"没有创新能力"的研发人员跳槽到跨国公司后研发出新产品,学生在走出校园、走进社会后个人能力会取得重大突破,而在学校中总是显得过于平庸,毫无建树。其原因是企业或学校缺乏宽松的、自由的、鼓励冒险与试错的创新氛围,从而缺乏对个人某一方面稍有新突破的鼓励与支持,导致创新人才缺乏创新"软环境"。Larry(1965)将影响员工创新行为的氛围因素称为组织创新氛围。

很多学者在研究中已经证实了组织创新氛围对员工创造力的作用及影响,顾远东等(2010)从社会认知理论角度出发,探讨了创新自我效能感在组织创新氛围与员工创新行为之间的中介作用。还有学者认为,缺乏信心和进取精神是自主创新的最大障碍,美国、韩国和日本等国家的企业如苹果、三星、索尼等在创新上能有突破,一定程度上在于它们那种具有敢于实践、勇于实践的精神。

关于组织氛围的研究大多从"心理氛围"这一心理学领域开始。勒温基于"场"理论提出心理氛围概念,用于研究一般环境刺激与人类行为之间的关系(张明,2007),谢荷锋、马庆国等学者把组织氛围分为强调个体主观知觉心理环境的知觉性,有关组织氛围的研究如表2-4所示。

表2-4 关于创新氛围的研究

研究角度	研究范畴	相关学者
心理氛围	对员工创造力有显著的间接影响	陈晓（2006）
组织氛围	关于员工感觉到的组织政策、实践和程序所形成的心理产品，是个体层面的变量	Chan D.（1998）
组织氛围	组织成员的创造力受其感知的组织创新因素的影响	Amablie T. M.，ContiR.，Coon H. L. J.（1996）
心理和组织两个层面	心理创新氛围和组织创新氛围对员工创造力的影响	刘效广、王艳平、李倩（2010）

2. 组织创新鼓励

Amabile等（1996）认为组织创新鼓励可激励创造力，并开发了KEYS量表用于对组织创新氛围的研究（见图2-9）。Amabile（1996）探讨了创造性工作环境与组织创新绩效的关系，组织支持、上级支持、同事支持、自主性与创造力显著正相关，组织障碍与创造力呈显著负相关，工作压力和充足资源与创造力无显著相关。Amabile（1988，1997）提出创新和创造力构成模型，该模型论述了工作环境、个体创造力和组织创新间的关系（见图2-10）。

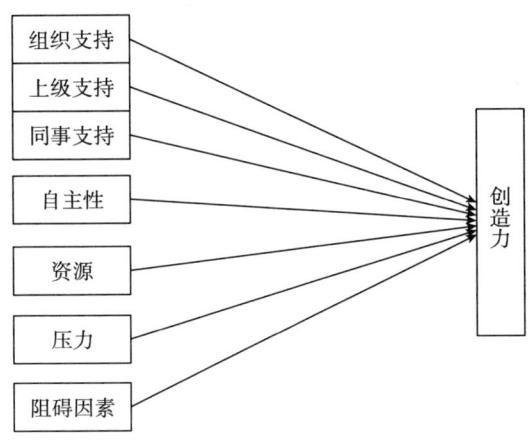

图2-9 创造力组织情景模型

资料来源：Amabile T. M., Conti R., Coon H., Lazenby J., Herron M. Assessing the work environment for creativity [J]. Academy of management journal, 1996, 39 (5): 1154-1184.

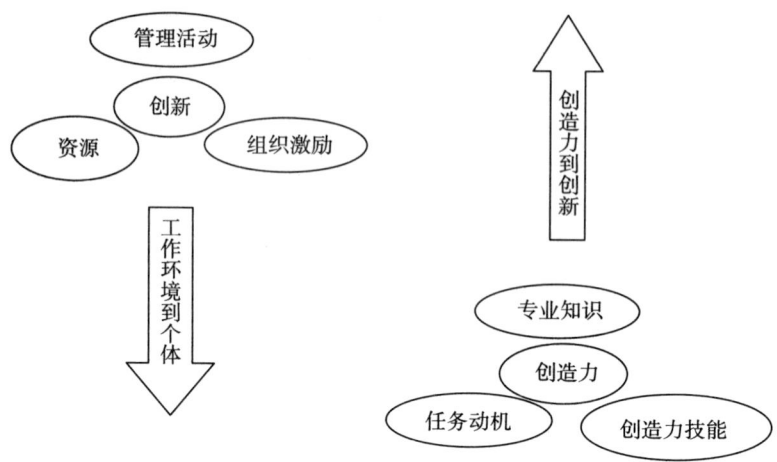

图 2-10　环境影响对创造力的影响模型

资料来源：Amabile T. M. Motivating creativity in organizations: On doing what you love and loving what you do [J]. California management review, 1997, 40 (1): 39-58.

该模型中工作环境包括管理活动、资源和组织激励三个维度对创新的影响，最终阐明了创造力孕育创新，而工作环境对个体/团队的创造力产生影响。

Amabile（1997）提出创造氛围是员工对环境支持和阻碍创造的整体感知，而创新氛围包括产品创新、技术创新和管理创新等要素。陈威豪（2006）认为创造氛围并不等同于创新氛围，创造氛围涉及多个层面（个体、团体和组织），而创新氛围只体现在组织层面。很多学者针对创造氛围和创新氛围作为对员工创造力或组织创新绩效这一结果变量的影响进行研究，具体内容如表 2-5 所示：

表 2-5　关于创造氛围和创新氛围的结果变量研究汇总

结果变量	观点	作者
组织创新绩效	上级支持正向影响组织创新绩效	Lee（1994）
员工创造力	组织创新鼓励、工作自主性、资源、工作挑战性与员工创造力积极正相关；工作压力以及组织阻碍与员工创造力负相关	Amabile, et al., （1996）
组织创新绩效	组织创新机制能够促进创新绩效	Bharadwaj（2000）
组织创新绩效	组织创新特性积极地预测了组织创新绩效	Tidd（1997）

续表

结果变量	观点	作者
产品创新绩效	信息和人际沟通与产品创新绩效正相关	Madhaven（1998）
员工创新行为	组织创新支持和资源提高会带来更多的创新行为	Scott & Bruce（1994）
组织创新绩效	研发部门的组织创新气氛积极促进了组织创新绩效	张鸿文（1986）
组织创新绩效	开发、自由的组织气氛正面影响组织创新绩效	尹启铭（1989）
组织创新绩效	组织氛围显著改善了组织创新绩效	蔡启通（1997）
组织创新	工作自主性与组织创新显著正相关	蔡明宏、刘晓雯（1998）
员工创造力、组织创新绩效	组织创新气氛积极促进了员工创造力以及组织创新绩效	李信萤（2002）
组织创新行为	组织创新气氛通过员工参与和组织承诺影响组织创新行为	阳晓玲（2009）
组织创新	组织创新气氛积极影响了组织创新	吴际、石春生（2009）
员工创新行为	组织创新气氛通过创新自我效能感促进员工创新行为	顾远东、彭纪生（2010）
员工创新行为	组织创新气氛通过心理授权的中介作用影响员工创新行为	刘云、石金涛（2010）

而目前把创新氛围本身受何种因素的影响，即作为中介变量对创造力的相关机制分析并不多见。本书聚焦于中国新建型应用技术大学背景下，借助 Amabile 等（1995，1996）开发的 KEYS 量表中的组织创新鼓励部分，来研究校企合作教育模式对于创新型人才创造力的影响。

3. 组织创新支持

组织支持维度在组织创造氛围和创新氛围的研究中体现（王雁飞、朱瑜，2006）。Amabile（1995，1996）的 KEYS、Ekvall（1991）的 CCQ 量表都将组织支持维度放在首位。其中，KEYS 量表最为成熟，经过 1300 的大样本论证，为创造力理论研究奠定了坚实的基础。Amabile（1995，1996）认为组织创新支持是组织创新鼓励的最重要内核，其中包括以下四个要点：

（1）鼓励冒险和提出创意。学校和企业指示和鼓励学生敢于冒险，并提出创意，在两个组织中的管理层面都强调创新的价值，一定程度上就能够激发不寻常的有用创意。

（2）公平而支持性地评估创意。教师在教学过程中紧张的气氛和高度批判性的评估会影响和降低学生的创造力，而支持和信息评估会促进内在动机，有利于其创造力的发挥。

（3）奖励与认可创造力。奖励一般可分为物质奖励和精神奖励两方面，学生到企业实习一般领取少量津贴或报酬，很难激发起创造力。而通过对其学习和工作表现的积极肯定，把奖励作为鼓励其更好投入工作的措施，学生的创造力就会因此得到增强。

（4）员工参与管理。员工如能参与日常管理和制定决策，便能以主人翁的姿态提出好的想法和建议，促进相关创意的产生并利于创意的流动和共享。James（1983）研究发现，组织支持所营造出的公平环境让员工更专注于工作并更能开发出创造性的成果，同时通过组织支持可直接预测员工创造力与创新行为（薛玉品，2007）。组织创新支持影响创新效能感，可提升员工的自我信心指数从而激发创新（顾远东和彭纪生，2010）。同时，刘云、石金涛（2010），周婧诗（2010）也支持了这一命题。杨洁（2011）验证了组织创新支持与创造力正相关。也有学者将组织创新支持作为调节变量来进行研究，组织创新支持能够增强对创造力的影响。

Zhou 和 George（2001）研究员工对工作不满意时发现，不满意的员工不是都会离职，可能选择不建言或建言，而建言是一种积极的行为，体现一种创造力，如果这个阶段组织能够提供创新支持，员工会选择建言，从而创造新的绩效。该研究验证了工作不满意、继续承诺和组织创新支持作用于创造力，不满意与继续承诺和组织支持对创造力的影响正相关。权月形（2008）验证了组织创新支持正向调节教师的创造力与创新动机。张敏（2013）在研究大学生创新过程控制策略实验中，借助大学生创新行为、大学生创新意图、创新态度、创新主观规范和创新行为控制感知作为主要变量提出大学生创新行为实施路径模型（见图2-11）：

4. 上级创新支持

支持性领导会给员工在创意、工作和社会上提供支持（Mumford，2002）。领导也会提供技术和任务方面的工具性支持以及情感方面的社会性支持（Amabile，2004）。同时，Kanter（1986）发现领导还要借助资源、政治支持来激发员工的创新行为。而支持团队工作、重视员工贡献、榜样示范、目标设置以及信任员工

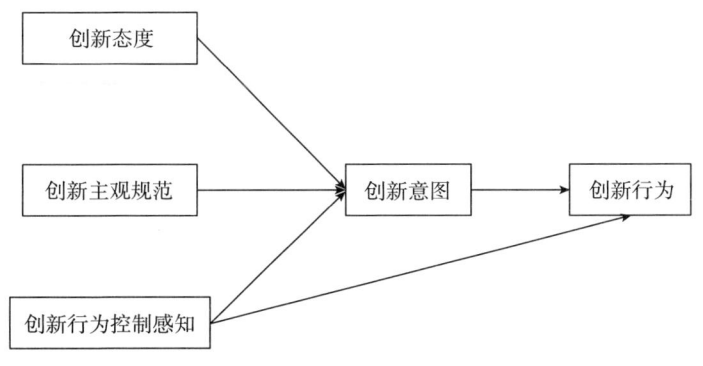

图 2-11 大学生创新行为实施路径模型

资料来源:张敏.基于计划行为理论的大学生创新过程控制策略实验研究[J].西华大学学报(哲学社会科学版),2013(1):54-62.

等方面,都可视为上级创新支持(Amabile,1996)。Zhou 和 George(2007)提出上级可借助反馈、公平和信任等方式来支持员工的创造性行为。

  上级创新支持一般通过沟通来实现,主管领导应清晰地明确和设定工作目标,并通过合理的方式有技巧地与员工交流,这样有利于引导员工的创新性行为,另外,公平和支持性的评估机制能够让员工感知到上级支持对创造力的影响,员工如不受到负面批评,内在动机的创造力也不会受到负面影响,工作场所中上级支持性行为会直接促进员工的创造力。Omham 和 Cummings(1996)发现上级创新支持作为预测因素,能直接而显著预测两年内员工提出的专利。员工的创造性绩效受到上级对创造力支持的直接影响(Madjar,2002)。有学者在上级创新支持与员工创造力之间,引入创造性个性这一调节变量时,发现结果并不显著,也就是说上级创新支持促进员工创造力并不受其创造性个性影响。而员工积极的情绪通过上级创新支持能促进其创造力的产生(Madjar,2002)。苏红玲(2008)提出并验证了在激发了员工的内在动机和影响员工的积极情绪之下,社会支持会激发员工的创造力,而上级创新支持与员工的创新能力对创新绩效的影响也成正比(郑建君,2009)。员工的创造力受内部动机、创新自我效能感等上级创新支持构念的影响(陈晓,2006)。权月形(2008)验证了上级创新支持正向调节教师的创造力与创新动机。

在另一项关于员工积极和消极情绪的研究中发现,情绪的变化也会影响创造力水平,包括上级创新支持在多个维度,如上级发展性的反馈、互动公平和信任等方面的影响(Zhou and George,2007)。Zhou(2003)提出上级发展性的反馈对员工的积极和消极的情绪变化尤为重要,发展反馈特别能在员工受到消极情绪影响时,帮助他们积极面对问题,激发员工思考能力以解决现有阶段不满因素,并提出持续改进的意见,是积极和消极的情绪交互作用才能正向影响员工创造力(Zhou and George,2007)。

互动公平是指当员工能体会到有上级创新支持,就会愿意从事创造性的活动,用于挑战会失败的风险。互动公平有助于让员工相信他们的冒险活动是安全的(Edmondson,1999)。即使在员工受到消极情绪的影响时,互动公平也能带给他们更多的自信,而处于积极情绪中的员工则会提出更多的想法和观点(Zhou and George,2007)。Zhou 和 George(2007)研究发现信任能促进员工的创造力。员工期望领导能对其提出的创意负责并实施可行性的解决方案。在上级发展性反馈、互动公平和信任的交互作用过程中,少了信任因素,上级创新支持对个人创造力的影响会减弱或不能促进创造力的产生。

5. 同事创新支持

创造力的产生通常是员工与同事之间互动的结果。同事和社会影响对个人的发展非常重要,包括同事对工作的观点会影响个体对工作和组织的认识(Salancik and Pfefferc,1978)。同事支持还能通过消极情绪而间接地作用于员工的创新绩效(Madjar,2002)。另外,组织环境的一些方面能被员工认同,但由于受到组织内的文化和亚文化的影响,不同团队却有不同的认识(Sackmann,1990)。工作团队的成功与否依赖于该团队的组织情景,而不同成员间的差异会影响团队氛围(Gersick,1988)。组织中的二级组织或二级部门会在几个方面上有很大差异,包括组织绩效、日常工作和员工工作行为(Van and Ferry,1980)。Amabile(1996)论证了同事创新支持维度是影响员工创造性行为的重要因素。团队成员的多样化和成员之间的沟通会使团队产生创意,团队的交流与创新思想正相关,当一个团队有新成员加入时，该成员的新思想会促进团队成员之间的交流（Amabile，2004）。营销团队的创造力可由与不同团队之间的互动产生和提升（Andrews and Smith，1996）。

同事的帮助和支持是指同事通过与员工共享个人的知识和技能，如帮助其提出可行性的解决方案、给予员工鼓励并协助员工完成任务。例如，当学生在工作过程中由于专业技术的欠缺和实践经验的缺乏，往往不知道该如何入手，这时候就需要有经验的导师、师傅或同学来指导和帮助，鼓励其大胆尝试，由于同事非领导，学生就不必担心与其分享新创意会被否定或嘲笑，因此，同事创新支持更能被视为新创意的发现者，学生可能会通过从同事那里获得知识和技能进一步刺激新的工作方法，这也是校企合作教育中师徒制得以进一步推广和认可的重要原因之一。

苏红玲（2008）验证了同事支持能够激发员工的内在动机和积极情绪，从而促进员工的创造性行为。陈晓（2006）验证了同事创新支持通过影响内部动机、创新自我效能感作用于员工创造力。郑建君等（2009）也证明了团队协力越强，创新能力对创新绩效的积极影响越大。权月形（2008）验证了同事创新支持正向调节教师的创造力与创新动机。

三、创新型人才创造力相关研究

1. 创造力研究视角

（1）Amabile 的环境交互理论视角。很多学者主要聚焦于研究个人创造力的先天差异，包括人的特质与普通人的差别等，也归纳出个人背景、特质和工作风格等对创造力有影响的因素，Amabile（1997）认为社会和工作环境能同时影响创新行为，而技能、创意思考和内部工作动机之间的交互作用会进一步影响创造力。

拥有专业技能（Expertise）是所有工作的基础，包括个人的知识水平、技术技能的熟练程度和在某一工作领域的天赋，有先天的因素和正式与非正式教育的影响。创意思考（Creative Thinking）是指以新视角解决问题，新思维产生新点子,通过一定程度的训练来产生创造性绩效。内部工作动机(Intrinsic Task Motivation)决定个人是否会以行动来实现其在某特定领域所做出成绩的可能性,也能决定个人如何使用专业技能(Expertise)和创意思考(Creative Thinking),并通过高水平的内部动机来弥补个人在技能和创意思考这两方面的缺陷。

(2)创造力相互作用研究模型。Woodman(1993)研究发现,创造力的产生受员工的认知风格与能力、个性、知识和内在动机影响,社会影响和情景影响对创造力起重要催化作用,提出了创造力相互作用理论模型,如图2-12所示:

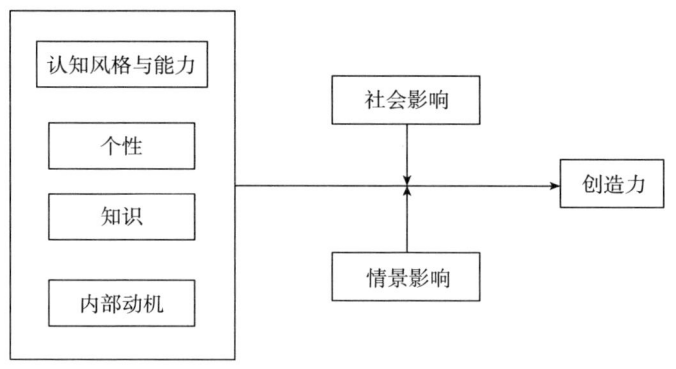

图2-12 创造力相互作用模型

资料来源:Woodman R. W., Sawyer J. E., Griffin R. W. Toward a theory of organizational creativity [J]. Academy of management review, 1993, 18 (2): 293-321.

(3)创造力影响因素研究模型。个体创新模型强调员工对组织环境的感知,认为组织提供相关资源并对创新支持可构成员工的心理环境,即组织创新鼓励,并能直接影响员工的创新行为(Scott and Bruce, 1994)。Scott和Bruce(1994)还发现创新支持和资源提供可能会受到领导成员交换、领导角色期望、团队成员交换,意见初始问题和系统问题的解决方式等因素的共同影响。高质量的领导成员关系能激发员工的创新行为,并进一步检验了组织创新鼓励在LMX和创新行为之间起中介作用,如图2-13所示:

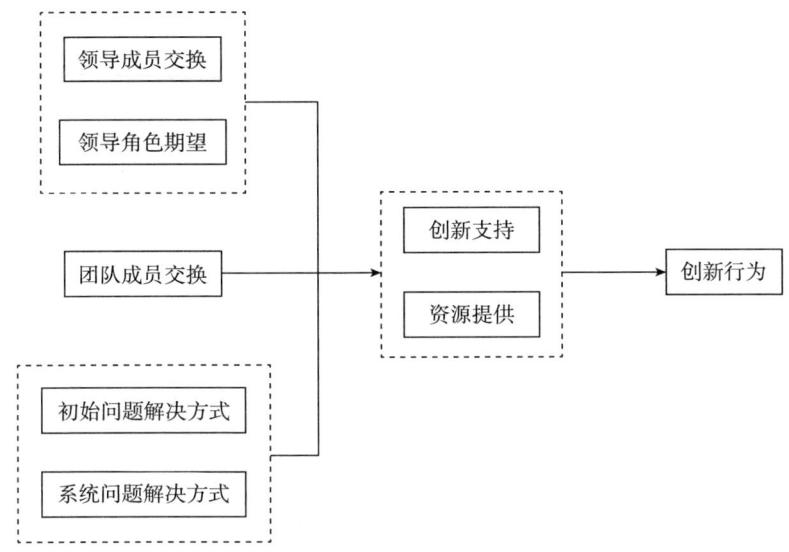

图 2-13 工作场所中个体创新模型

资料来源：Scott S. G., Bruce R. A. Determinants of innovative behavior: A path model of individual innovation in the workplace [J]. Academy of management journal, 1994, 37 (3): 580-607.

2. 创造力与创新的关系研究

创造力是创新的基础，针对某一问题提出新颖的想法称为创造力，而创新则是对所产生的想法予以落实，从而产生创新的结果，是由个人到团体再到组织的一个过程。创新的结果基本上是以个人创新为基础，近年来学者将个人创新的概念转换为个人创造力。个人创造力是指由个人对组织提出新的想法，该想法有一定的实用价值，并可应用于开发新产品或新服务流程。应用于组织当中，个人创造力既是创新活动的起源又是创新的第一步，其中也包括发明创造，从而形成组织创新。

基于企业对创新的需要，通过组织将企业引进的新产品和新技术扩展、应用或改造这一路径，组织的创新能力越来越成为企业走向成功的关键保障因素。企业的创新来自于创新活动的主体——员工，而员工创造力的高低一定程度上能推进整个企业在商业竞争中的主体地位，所以，关于新产品、服务、制造方法和组织流程等方面对员工创造力影响的研究，对企业能否在创新浪潮中占有一席之地有着重要的意义。从20世纪中叶学术界就开始从人格特质、认知模式和心理特征等心理学的角度对创造性人才的创造力进行研究，管理学领域也从80年代初对创造力进行了关注。具体如表2-6所示：

表2-6 关于创造力的研究

研究角度	研究范畴	相关学者
组织环境特征	组织物理环境、组织文化和社会资本等对员工创造力的影响	Amablie T. M., Conti R. & Coon H. L. J. (1996)
人际互动	领导、员工和团队互动等因素的影响	Zhou J. & George J. M. (2001)
工作任务	任务特征、资源和任务评价等因素的影响	Cohen S. G. & Baliey D. E. (1997)
创新氛围	工作环境的知觉描述，是组织成员感知到的工作环境支持创造力和创新的程度（包括环境因素与知觉因素）	Amablie T. M., Conti R. & Coon H. L. J. (1996) Shalley C. E., Zhou J. & Oldham G. R. (2004)

张炜（2011）指出，按照生理成长规律，由于想象力不受约束和束缚，学龄时期的儿童所表现出来的创造力是最强的，而随着年龄的增长，创造力会随着个人教育程度的增长而下降，包括受知识面、信息沟通渠道的不对称、感性、文化、情感、组织等各种因素影响而被抑制。也就是说从青少年时期到30岁、40岁、50岁的各个阶段，个人生理年龄越增大，创造力越弱。本章针对18~22岁年龄段的大学生群体，为不同行业企业的需求培养创新型人才，对未来企业发展创新能力有着重要的现实意义。中国一项针对1000名高职学生进行的高校学生创新能力现状分析的问卷显示，如表2-7所示：

表2-7 高职学生对培养创造力的现状分析

项目	选择	比例（%）
在生活上遇到问题	愿意自己尝试处理	37.8
关于好奇心	自己是好奇心很强的人	54.6

续表

项目	选择	比例（%）
关于新生事物	自己能够接纳新生事物	45.1
关于权威	对于权威的观点须经过自己的思考后有选择地加以接受	79.4
关于权威	自己不会主动去质疑和挑战权威	59.1
关于创新	创新并不是那么容易的事	56.1
关于如何创新	自己可以创新，但不知道如何创新	68.3
关于创新能力	自己的创新能力一般	54.5
关于自主创业	选择毕业后就去自己创业	6.4

资料来源：刘巧芝. 大学生创新素质的综合评价与分析［J］. 中国青年研究，2011，3（9）.

研究结果表明，有50%以上的被访者认为自己是好奇心很强的人，自己的创新能力一般，创新并不是那么容易的事和自己可以创新，但不知道如何创新。因此，创新型人才创造力的培养需要具备独立性、好奇心和怀疑精神，结合以上表格和相关学者对校企合作模式下学生创新能力的研究发现，现阶段的学生正处于95后，平均年龄20岁左右，这一类人群接受新事物快，思想活跃，视野开阔，但缺乏自信和勇气，究其原因，可能是因为：

（1）创新思维训练有限，这与中国传统的应试教育制度分不开，在人才培养过程中，高校着重培养学生的岗位操作能力，忽视创新能力。人才培养以学生的岗位能力为中心，把完成岗位操作所需的能力、知识态度和职业适应作为教学重点，学生创新实践机会较少，动手能力较弱。由学校和企业导师指导完成实习任务，流于形式和表面，没能与企业深度合作，而只是表面上参与企业实习，很难有创新实践的机会。

（2）教学中对创新活动缺乏有效引导，没有形成创新氛围。大多数院校注重在硬件和基础设施方面的建设，如实验室、教材、教学场地等，疏于在教师教学科研创新、学生实践创新等方面的投入。由于没有很好地营造创新氛围，为学生营造的创新氛围和学生能够使用的实验设备就会相当有限。表2-8是学生对高校所开设课程及教师水平的满意度评估：

表 2-8　高校所开设课程及教师水平的满意度评估

内容	选项	比例（%）
学校开设的创新能力教育类课程内容	不满意	91.30
学校每年组织的创新能力教育类活动	过少	96.34
本校教师的创新素质	不满意	43.59

资料来源：冯燕芳. 高职院校实践教学评价指标体系研究［J］. 职业技术教育，2012，33（8）：34-36.

以上调查显示，学生自发地对创新活动有需求，特别是与未来职业相关的创新技能大赛等活动未能很好地开展，高校的创新教育与学生的实际需求存在着较大差距，尚未构建好系统的创新型人才培养模式，究其原因是高校培养人才的模式、课程设置、学习模式、公共课都必须按照教育部所规定的大纲授课。除了考核模式，教师上课水平的高低能起到很好的推进应用型人才培养的作用，创新氛围不仅仅是企业内部的，高校内部都应该营造相应的氛围，给予学生更多的鼓励和支持，才能进一步培养创新型人才。

3. 创造力的影响因素研究

对创新型人才创造力产生影响的因素包括组织、管理者和同事等，营造良好的工作环境，全方位地支持、鼓励创造力，有利于激发学生的创造动机，提升学生的创造力。

（1）组织包括学校层面和企业层面。学校可以制定有关创新创业的政策，营造良好的学习环境，鼓励教师进行教学改革，包括教学方法、教学内容、考核方式等，并让学生在教师的指导下创造性学习和工作，支持学生创造力的发展。企业层面可通过两种方式来鼓励学生：一是奖励学生的创新成果，二是支持学生进行创造性尝试。研究表明，支持学生进行创造性尝试确实能提高参与人员的积极性，从而提升绩效（Eder P. & Eisenberger, R., 2008）。有学者研究认为，需求与能力匹配的理论提出，良好的创新环境会激发其员工的创新动机，有创造能力的员工会通过积极发挥其创造力的潜能来积极回应组织对创造力的期望，从而促进组织创造力的提升（Livingstone L. P., Nelson D. L. & Barr S. H., 1997）。

(2) 管理者包括二级学院中层领导和企业负责人以及主管。如果管理者能积极支持和鼓励学生的创新行为,学生就不用担心遇到失败后所承担的责任,可以放心大胆地进行创造性尝试,更好地发挥创造力,取得好的创新成果。Deci 和 Ryan(1985)提出员工积极创造的内在动机可被管理者鼓励和支持激发出来,企业在指导学生过程中提供良好的氛围,制定有利于企业自身发展的人才战略和相关政策,有利于激发其创新动机促进其创造力。

(3) 同事包括参与实习的同学和企业同事。创新既是个体活动又是组织内的群体活动。有些学者认为个人创造力与同事对创造力的鼓励和支持相关,个人创造力的提升也能进一步促进组织创造力的提升(Gardner,1993)。而企业同事对学生工作中创造力的鼓励和支持,对于学生个人创造力的激励作用不同。创新氛围对创造能力高的学生的影响更大,更有利于激发其创造力,创造性越强就越能发挥其创造力潜能,从而达到整个组织能获得更多更新的创新成果(Amabile,1997)。

第四节 文献评述

通过分析众多学者的研究发现,对创新型人才创造力的研究对象集中在企业员工或科研人员,本书将参加校企合作教育的实习生作为研究对象,可以在下一步的研究之中不断完善和深入。

(1) 研究内容上的不同。很多学者从企业员工创新氛围、绩效等角度进行研究,这是员工入职后在企业根据个人职业的方向、工作内容、工作性质的不同而做出的研究,很少从校企合作联合培养人才方面即从准员工的角度来研究,并对高校培养何种类型的人才提出相关结论。

(2) 样本选择上存在偏差。多数学者对校企合作的现状和问题描述得比较清楚,在研究的范围上选择了职业教育类型的高校,人为造成对数据选择的歧视。对于这一问题,本书仅在中国应用技术大学中选择样本,"985"和"211"

等学术研究型大学不在研究范围之内。拟对参与校企合作企业进行实地研究和问卷调查，以了解企业对校企合作现有模式的评价和合作过程中存在的主要问题。构建基于组织协同的校企合作创新型人才培养模式评价体系，重点研究学校与社会认可度之间的协同、学校与企业之间的协同、不同院系各学科之间的协同、学校内部之间的协同。研究组织层面的契约协同机制，包括管理协同能力、组织协同能力、技术协同能力、文化协同能力，最终如何形成组织合力。

（3）中国国内研究从宏观的方面提出校企合作优势互补、协同创新缺乏实证研究。目前中国学者对校企合作中企业需求这一研究领域少有涉及，多数是站在政府和高校层面，但其实在校企合作实施后，企业对于定向培养的人才取得成本较低，预计未来在其人力资源规则前提下，通过高校定制其所需要的创新型人才的渴望会进一步增强。应用技术大学改革的主流是产教融合、协同育人，因而中国地方政府已经开始借鉴德国"双元制"的模式要求企业主动对接高校并寻求合作，并对于该类型的企业在政策上予以一定的扶持，税收上予以一定的优惠，即在未来校企合作办学全方位合作的格局下，很多高校将从自主办学走向寻求企业共建的开放式办学。

（4）如何从企业组织创新鼓励角度出发，从政策制度的制定角度，在校企双方共同需求基础上加以引导，结合中国应用技术大学人才培养模式评价现状和企业实际所需要的人才进行实地调研，构建一个创新型人才创造力培养模式评价体系，以达到人才培养与行业协同，人才培养与企业生产服务流程协同，人才培养与企业价值创造过程协同，提出企业对人才知识结构要求和能力素质模型。

本章小结

本章分别探讨了校企合作教育、组织创新鼓励以及创新型人才创造力的影响，并提出相关研究领域空白，为下一章打下理论基础。

第三章 校企合作教育对创新型人才创造力影响理论模型构建

第二章梳理了理论基础,进一步明确了研究目的、研究内容与研究方法,本章将在质性研究的基础上构建研究理论模型。

第一节 理论构建的质性研究

一、校企合作教育对创新型人才培养的实践来源

本章首先采用半结构式访谈探索影响校企合作人才培养模式的具体要素,识别高校对联合培养人才的作用效果,为后续的实证研究提供概念框架。首先探讨高校结合自身的需求,借助企业的人力资源规划、所需创新型人才的类型与高校人才培养相结合,以实现培养出来的创新型人才能直接被企业所录用并为其服务,通过访谈来调查企业对创新型人才类型的需求以及通过校企合作培养出来的学生创新能力,从而得出相关变量和制作量表。

在访谈样本选择上,主要是选择参与校企合作教育的企业,在技术含量较高、人才相对缺乏的建筑行业工作十年以上的从业者和通过校企合作联合培养并到相关企业中实习的学生,对其进行关于创新型人才培养模式的半结构化访谈,使用贯序法访谈逐步探索企业和学生,每访谈一例即编码一次,不断比较直至无新概念或关系出现,通过饱和验证即可认为理论达到饱和(见表3-1)。访谈过程经受访者同意后均进行录音,访谈结束后再进行数据整理和编码。

表3-1 访谈对象基本信息

序号	公司	职位	企业性质	从业年限	教育背景
1	电商公司	总经理	民营企业	10	本科
2	物业公司	董事长	民营企业	10	本科
3	投资集团	董事长	民营企业	15	研究生
4	置业公司	总经理	民营企业	14	本科
5	监理公司	总工程师	民营企业	15	本科
6	集成家装	总经理	民营企业	10	大专
7	测绘公司	副总经理	民营企业	12	本科
8	建筑学校	校长	教育行业	20	研究生
9	星级酒店	前台	国有企业	2	大专
10	星级酒店	客服	国有企业	2	本科
11	星级酒店	服务员	国有企业	2	本科
12	星级酒店	前厅服务员	国有企业	2	大专
13	星级酒店	领班	国有企业	2	本科
14	星级酒店	服务员	国有企业	2	大专

通过访谈之后的发现包括以下几个方面:

(1)对于应用技术大学的组织层面,学校所出台的相关政策、所营造出来的创新氛围会一定程度上影响二级学院与相关企业的合作,包括联合培养人才意愿和高校教师队伍建设满意度。因此,组织创新鼓励在创新型人才培养的过程中起到至关重要的作用。

(2)注重人才培养过程中的同质性、异质性问题,根据学生所学专业按不同行业划分为:应着重于同质性培养的专业包括建筑工程类、酒店管理类、财务管理类和工程管理类等;而应着重异质性培养的专业包括市场营销类、艺术设计类、对外贸易类和旅游管理类等,此类专业对学生的创新思维的创新能力的要求则更高。

(3) 中国应用技术大学在自主办学的过程中,如对相关专业的行业企业不了解,在自行技术研发和培养创新型人才的时候无形中会增加大量的办学成本。通过借助企业的力量来办学,与企业共同研发课程,把企业的工作人员变为大学里的创业导师,不仅可以解决教师深入到企业充分了解行业的问题,又可以利用企业导师的力量来解决高校中"重理论、轻实践"的根本性问题,一举两得。

二、理论分析

资料分析采用平行编码方式,逐一对访谈对象进行平行编码,访谈到14名对象时,出现理论饱和迹象。本书的主要目的一是在于识别企业经营管理者对校企联合培养人才的需求,以及通过校企合作培养出来的人才是否符合企业所要求的标准,能为该企业的经营发展战略起到人力资源保障的关键性作用;二是在于识别学生通过校企联合培养的方式,在整个学习的过程中是否能产生创新行为从而产生创造力,并能为企业所重用。

从本企业/行业的特点、企业对高校的社会责任及贡献、企业对学生的培养、企业/行业需要找什么类型的员工、高校课程设置、高校对学生思想教育、学校师资队伍建设、学校能给企业产生哪些效益和学生个人品质、家庭条件、自身经历对职业素养形成所产生影响以及跨地域因素、组织创新氛围、职业认同、工作满意度等方面进行研究。开放性编码(见表3-2)列出了从原始访谈资料中提取概念和形成范畴的过程,以及开放性编码的范畴编号、名称和抽象概念(见表3-3),结合现有理论观点、企业和学生从事行业背景做出综合陈述。

表3-2 研究对象的开放性编码(部分)

原始访谈资料	开放性编码(初始概念)
1-1-1:我们有工程管理、物业管理公司,其实物业就是一个很好的服务平台,是整个社区的大管家,我们所需要的企业高级管理工程师很缺,根本招不到合适的员工。百色地区适合发展生态农业,这里土地肥沃、阳光充足、气候宜人,但就是缺乏有职业素养的高级管理人才,农民工平均年龄为46岁,未来农民工会变老,人才将会更加缺乏……	A1-1 服务平台 A1-2 社区大管家 A1-3 招不到员工 A1-4 职业素养 A1-5 人才更加缺乏 ……

续表

原始访谈资料	开放性编码（初始概念）
1-2-1：通过产教融合不断提高人的理念，从而跟上企业发展的步伐。 2-2-1：企业要善于总结生产过程中的实践经验并让学校放到教学中，这样才能进一步提高人才的适用性，共同建立科研基地，过去教学都是在理论上，没有真正落地。 3-2-1：科学转化为生产力，科学就是人才。企业把人才资源计划与高校培养相结合，把企业所需要的人才前置到大学4年培养过程中，即职业教育前置化……	B1-1 产教融合 B1-2 企业发展 B2-1 实践经验 B2-2 共建科研基地 B2-3 理论没落地 B3-1 科学是人才 B3-2 计划与培养结合 B3-3 职业教育前置化
5-2-1：我们会组织新员工见面会，一是做企业介绍、搭建平台，刚毕业的学生出来不懂职业生涯规划，这里能找到很好的平台。二是做新员工的职业生涯规划告诉他们要一步一个台阶，如何做到主管、经理。三是介绍企业文化：客户赞许、社会依恋、客户认可。在企业中塑造家庭氛围，让新员工在快乐、平等、竞争中融入企业，告诉其如果有能力就能创造价值……	C1-1 新员工见面 C1-2 规划职业生涯 C1-3 企业文化 C1-4 家庭氛围 C1-5 能力创造价值
4-3-1：与企业共同发展的员工在企业的比例高，企业的整体效益好，企业要找的人具备： 1. 有抗压能力 2. 有感恩精神、会做人 3. 沉下心来专心做事，对成功追求不短视……	D1-1 共同发展 D1-2 整体效益好 D1-3 抗压能力 D1-4 感恩精神 D1-5 沉下心来专心做事
1-4-1：学校授课内容高、大、上，专业是哪个热门上哪个。 2-4-1：理论与实践脱节，课程设置是否合理，要把科研成果转化到企业实践中来，以实践应用为导向编写教材……	E1-1 授课内容高大上 E1-2 上热门专业 E2-1 理论与实践脱节 E2-2 科研成果转化 E2-3 实践应用型为导向
1-5-1：大学阶段是什么，想做什么很关键，加强职业道德培训，要把企业对员工的要求跟学生讲清楚。 3-5-1：统一学生的人生观、价值观、道德观非常重要，对符合企业标准的人才开设绿色通道。如果职业道德缺失，员工90%会流失……	F1-1 想做什么很关键 F1-2 加强职业道德培训 F1-3 企业对员工的要求 F2-1 三观非常重要 F2-2 人才绿色通道 F2-3 员工流失
3-6-1：进一步提高双师型队伍建设。 5-6-1：提高教师的教学水平，对学生知识掌握力度有一套自己的方法……	G1-1 双师型队伍 G2-1 提高教学水平 G2-2 学生知识掌握力度

续表

原始访谈资料	开放性编码（初始概念）
5-6-2：引企入校能有效地解决企业场地不足的问题，让校中企成为企业强有力支撑的事业部。同时可以培养急需人才进一步提高百院知名度。而企业员工能成为高校的外聘教师也很有自豪感，以知名大学为依托……	H1-1 引企入校 H1-2 校中企 H1-3 提高知名度 H1-4 外聘教师也很有自豪感
1-7-1：学生对建筑行业的理念：丢面子 4-7-1：学生家庭环境越优越到工作岗位上越难适应，招聘时会关注其跳槽的次数，跳槽越多越难得到重用。学生的要求比较高，所想的与社会严重脱节，所以造成学生难以适应社会，心理浮躁、抗压能力非常弱 5-7-1：学生理论强，动手能力弱……	I1-1 丢面子 I2-1 学生家庭环境 I2-2 关注其跳槽次数 I2-3 与社会脱节 I2-4 难以适应社会 I2-5 心理浮躁 I2-6 抗压能力非常弱 I3-1 理论强 I3-2 动手能力弱
9-1-1：家里有事，爷爷重病，过年那会就住院了，但是我在厦门实习，中间爷爷几度病危一直都没有回来看过他，但是跟学校签订了协议，不可能违反约定在将近结束时放弃然后跑回来，所以到了实习结束就回来了。 9-1-2：对于我个人来说，我没有觉得有什么问题，工作上说辛苦也不算很辛苦，生活中跟同学、同事之间相处也很融洽，我是觉得没有什么大问题。	J1-1 离家太远 J1-2 当地没有亲戚朋友 J1-3 重复做同一件事情 J1-4 节假日上班
10-2-1：我觉得班次太固定了，其他人还好，但是有几个人的班次都是固定的，一年不变，其他没有了。 11-2-1：首先站着很辛苦，特别是连续8个小时的班次。客人有时候有无理取闹的举动。 13-2-1：就是工资太低了，同学们都特别努力工作，所以感觉有点不平等……	K1-1 班次太固定 K1-2 一年都不变 K2-1 站着辛苦 K2-2 连续8小时 K2-3 客人无理取闹 K3-1 工资太低 K3-2 感觉有点不平等
9-3-1：这个我也不清楚，工作中遇到各种各样的客人，也让我学会了怎么跟各种各样的人沟通相处，在这里工作，工作环境也很不错。其实我真的要感谢学校、感谢××酒店，通过一年的工作，我真的学到了很多。 11-3-1：说不上为酒店做了什么很大的贡献，就是自己也体验到工作的不容易，以及应对不同客人学会随机应变，每天也都在坚持这个实习。 13-3-1：首先××酒店观海厅这个大家庭能把每个人我行我素的思想改变得像一家人一样团结，从而通过大家的齐心协力把每天的工作完美地完成，在鹭江我还起到了一个引导作用，在人多或者关键时刻，就算没有领导在场，我自己也会通过个人的特征去安排他们工作，可以应付得来……	L1-1 与人沟通相处 L1-2 工作环境不错 L1-3 感谢学校和企业 L1-4 真的学到很多 L2-1 体验到工作的不容易 L2-2 学会随机应变 L2-3 坚持这个实习 L3-1 我行我素的思想改变得像一家人一样团结 L3-2 齐心协力把每天的工作完美地完成 L3-3 通过个人的特征去安排他们工作

续表

原始访谈资料	开放性编码（初始概念）
9-4-1：很关心我们，而且酒店或者部门还不定期地组织活动，丰富我们的业余生活。 11-4-1：可以的！平主任就很好的，公平对待。工作中不懂的问题她们都热心解答，比较关照我们实习生，毕竟我们是餐饮部的主力军。 12-4-1：很好说话啊，跟领班请假不好请……	M1-1 很关心我们 M1-2 丰富我们的业余生活 M2-1 公平对待 M2-2 她们都热心解答 M2-3 比较关照我们实习生 M3-1 很好说话
10-4-1：不管是同事还是领导，对我们都很好，很亲切，对我们也很包容。一些常客，每次去吃饭，基本上都是我服务的，所以他们会记得我，我觉得很正常。 13-4-1：他们都很友好，首先如果你做得不好挨说挨骂是肯定的，但是酒店会给你改过的机会，所以××酒店适合有理想的人。工作给了我很大的动力，每天都接触到很多优秀的人，所以你只想变得优秀起来……	N1-1 很好很亲切 N1-2 常去的客人会记得我 N2-1 都很友好 N2-2 给你改过的机会 N2-3 适合有理想的人 N2-4 只想变得优秀起来

开放编码阶段共得到企业特点、企业对学生的培养、高校课程设置、学校师资队伍建设、组织创新支持、人际自我效能感、工作满意度等22个子范畴，如表3-3所示：

表3-3 选择性编码结果

编号	子范畴	对初始概念的筛选与分类
1	企业/行业的特点	A1-1 服务平台；A1-2 社区大管家；A1-3 招不到员工；A1-4 职业素养；A1-5 人才更加缺乏
2	企业对高校的社会责任及贡献	B1-1 产教融合；B1-2 企业发展；B2-1 实践经验；B2-2 共建科研基地；B2-3 理论没落地；B3-1 科学是人才；B3-2 计划与培养结合；B3-3 职业教育前置化
3	企业对学生的培养	C1-1 新员工见面；C1-2 规划职业生涯；C1-3 企业文化；C1-4 家庭氛围；C1-5 能力创造价值
4	企业/行业需要找什么类型的员工	D1-1 共同发展；D1-2 整体效益好；D1-3 抗压能力；D1-4 感恩精神；D1-5 沉下心来专心做事
5	高校课程设置	E1-1 授课内容高大上；E1-2 上热门专业；E2-1 理论与实践脱节；E2-2 科研成果转化；E2-3 实践应用型为导向

续表

编号	子范畴	对初始概念的筛选与分类
6	高校对学生思想教育	F1-1 想做什么很关键；F1-2 加强职业道德培训；F1-3 企业对员工的要求；F2-1 三观非常重要；F2-2 人才绿色通道；F2-3 员工流失
7	学校师资队伍建设	G1-1 双师型队伍；G2-1 提高教学水平；G2-2 学生知识掌握力度
8	学校能给企业产生哪些效益	H1-1 引企入校；H1-2 校中企；H1-3 提高知名度；H1-4 外聘教师也很有自豪感
9	学生个人品质、家庭条件，自身经历对职业素养形成所产生的影响	I1-1 丢面子；I2-1 学生家庭环境；I2-2 关注其跳槽次数；I2-3 与社会脱节；I2-4 难以适应社会；I2-5 心理浮躁；I2-6 抗压能力非常弱；I3-1 理论强；I3-2 动手能力弱
10	跨地域因素	J1-1 离家太远；J1-2 当地没有亲戚朋友；J1-3 重复做同一件事情；J1-4 节假日上班；J1-5 过节挺心酸；J2-1 不知道自己能做什么；J2-2 工资不高；J2-3 习惯就不累
11	工作强度与报酬比	K1-1 班次太固定；K1-2 一年都不变；K2-1 站着辛苦；K2-2 连续8小时；K2-3 客人无理取闹；K3-1 工资太低；K3-2 感觉有点不平等
12	组织创新支持	L1-1 与人相处沟通；L1-2 工作环境不错；L1-3 感谢学校和企业；L1-4 真的学到很多；L2-1 体验到工作的不容易；L2-2 学会随机应变；L2-3 坚持这个实习；L3-1 我行我素的思想改变得像一家人一样团结；L3-2 齐心协力把每天的工作完美地完成；L3-3 通过个人的特征去安排他们工作
13	上级创新支持	M1-1 很关心我们；M1-2 丰富我们的业余生活；M2-1 公平对待；M2-2 她们都热心解答；M2-3 关照我们；M3-1 很好说话
14	同事创新支持	N1-1 很好很亲切；N1-2 常去的客人会记得我；N2-1 都很友好；N2-2 给你改过的机会；N2-3 适合有理想的人；N2-4 只想变得优秀起来
15	创新行为	O1-1 自己以最诚恳的心，最好的服务态度去服务；O1-2 服务的认可；O1-3 给我的感觉真的很好；O2-1 不在的时候才能发挥；O2-2 工作效率比较高；O2-3 动作比较快；O2-4 一个顶两到三个；O3-1 自己也改变了不少；O3-2 学校学到的知识应用到生活中
16	职业认同	P1-1 社会发展的晴雨表；P1-2 有利契机；P1-3 锤炼自身素质的平台；P2-1 酒店行业发展潜力大；P2-2 人才流动量大，人才的需求量大；P2-3 找不到你理想的工作；P2-4 工作经验最重要
17	社会型工作价值观	Q1-1 最理想的工作根本没有；Q1-2 就要不断积累经验；Q2-1 处理事情的经验不够；Q2-2 去学习去积累；Q3-1 我们要怎么去和客人沟通；Q3-2 怎么去处理这个问题

续表

编号	子范畴	对初始概念的筛选与分类
18	自我职业声誉感知	R1-1 有发展潜力的行业；R1-2 只要肯吃苦、肯努力的人都可以做得很好； R2-1 现在的工作是酒店前台接待；R3-1 做起来会比较上手； R3-2 肯坚持的话
19	企业导师制	S1-1 多让学生实际操作；S1-2 课本上的和实际操作相差好大； S1-3 要碰到一个好的师傅才行；S1-4 要懂得观察，主动去学
20	人际自我效能感	T1-1 实习期过长；T1-2 工资方面希望提高一点；T1-3 其他的福利都非常好；T1-4 光明正大；T1-5 心态要调整好；T1-6 你会自己用到有用的地方
21	工作行为与绩效	U1-1 没有想过提前回家；U1-2 第一次正式工作的兴奋；U2-1 不做点什么好像说不过去；U2-2 就一直坚持下来；U2-3 当你习惯了，你会发现时间过得很快
22	工作满意度	V1-1 世界上本来就没有什么比坚持更难的事；V1-2 收获的远远比我想象的要多；V2-1 我们没有来错；V3-1 都归功于老师们的功劳； V4-1 任何事都要认真去做才行

将开放编码中得到的范畴进行对比分析，发现其中的逻辑关系，建立范畴之间的关联，结合原始材料中各范畴概念的关联，将22个范畴合并为8个类别，如表3-4所示。

表3-4 主轴性编码的范畴与概念

编号	主范畴	次范畴	概念
1	企业自身发展战略	本企业/行业的特点，企业/行业需要找什么类型的员工	企业自身的定位、计划做到什么程度，上市或每年利润翻番，所要找的人是否与岗位相匹配。企业文化对企业员工认同感的影响
2	企业需求对高校的影响	企业对高校的社会责任及贡献、企业对学生的培养、职业认同、自我职业声誉感知、人际自我效能感	与高校合作后给高校、学生带来了什么样的直接影响，这样的影响与自身发展是否匹配，校企合作中到生产第一线顶岗实习
3	高校对学生的培养	高校课程设置、高校对学生思想教育	高校培养出来的人是否能直接与企业对接，是否按"一线需要什么样的人，我们就培养什么样的人来定位"

第三章 校企合作教育对创新型人才创造力影响理论模型构建

续表

编号	主范畴	次范畴	概念
4	对高校自身和对企业的好处	学校师资队伍建设、学校能给企业产生哪些效益、社会型工作价值观、企业导师制	如何发挥"产教融合"的作用来进一步提高高校的办学层次和水平,给企业和政府的人力资源保障提供有力的支持
5	应聘者自身的条件	学生个人品质、家庭条件、经历、学生本人的家庭条件,自身经历对职业素养形成所产生的影响	求职的欲望以及对企业的认同感,就业的态度决定其具体行为,本身有没有职业认同感
6	工作期望值	跨地域因素、工作强度与报酬比、工作满意度	在未开始工作前对工作的期待
7	组织创新鼓励	组织创新支持、上级创新支持、同事创新支持	鼓励冒险和提出创意、公平而支持性地评估创意、奖励与认可创造力,以及员工参与管理
8	创造力	创新行为、工作行为与绩效	指创建、创造、生产和造就等

为建立不同范畴之间的联系,在开放性编码的基础上进行主轴性编码,从而形成的范畴更具有综合性、概括性和抽象性(见表3-4)。进一步通过对表中的各主范畴间的因果条件进行分析,最终发现九种因果关系(见表3-5)。

表3-5 基于主轴性编码的关系识别

编号	概念间关系	关系的类别
1	企业发展战略对高校的影响	学校校企合作行为
2	高校对学生的培养对企业的影响	
3	高校与企业办学对高校的影响	
4	企业人力资源需求对高校的影响	企业校企合作行为
5	高校与企业合作办学对企业的影响	
6	企业技术、理念对高校的影响	
7	学生的自身理念、家庭条件对高校培养过程中的影响以及学生到该行业对职业的认同和创新行为的体现	个人家庭背景
8	学校、企业所营造的组织创新氛围以及对创新行为的鼓励	组织创新支持、上级创新支持、同事创新支持
9	通过校企合作培养学生的创新行为和能力	创新型人才创造力

· 59 ·

根据以上质性研究的理论实践来源,接下来进一步论述校企合作教育、组织创新鼓励以及创新型人才创造力之间的关系,用于构建校企合作教育对创新型人才创造力培养的理论模型。

三、研究模型

本书旨在研究校企合作联合培养创新型人才的问题,一是了解企业的用人需求;二是识别基于产教融合、协同创新的校企合作影响因素;三是识别通过校企合作联合培养学生创造力的影响结果。研究的核心问题可以概念化为"校企合作教育对创新型人才培养成因与效应的概念模型",最终,通过校企合作教育、组织创新鼓励以及创新型人才创造力关系的研究,结合半结构式访谈中选择性编码用图来呈现该概念对其他概念的统御结构,即将选择性编码与相关文献进行比较,选择学校校企合作行为和企业校企合作行为作为校企合作人才培养模式的前因变量,选择组织创新鼓励作为校企合作人才培养模式的中介变量,选择创新型人才创造力作为校企合作人才培养模式的结果变量。

具体概念模型如图 3-1 所示,选择学校校企合作行为和企业校企合作行为为自变量,组织创新鼓励以及组织创新支持、上级创新支持、同事创新支持三个维度为中介变量,创新型人才创造力为因变量。

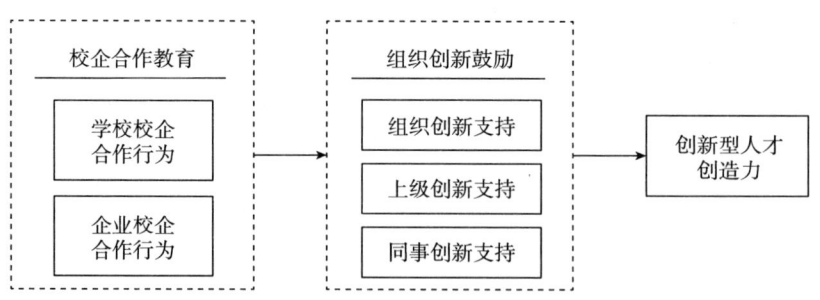

图 3-1 校企合作教育对创新型人才培养成因与效应的概念模型

四、理论对比验证

最后,我们将该概念模型与文献回顾部分进行比较(见表3-6),并得到进一步验证。

表3-6 相关文献比较对理论范畴的验证

编号	范畴	代表性文献比较例证
1	学校校企合作行为	Pond(2010)、Lee S.(2010)、肖香龙(2014)
2	企业校企合作行为	汤勇(2015);肖香龙(2014);董馨、吴薇、王奕衡(2014)
3	组织创新支持	Amabile(1995、1996)、Zhou & George(2001)、张敏(2013)
4	上级创新支持	Amabile(2004)、Zhou & George(2007)、Omham & Cummings(1996)
5	同事创新支持	Amabile(2004)、Andrews & Smith(1996)、陈晓(2006)、权月彤(2008)
6	创新型人才创造力	Amabile(1997)、Woodman(1993)、Scott & Bruce(1994)

第二节 理论构建

从相关研究的文献综述中发现,大多数学者采用定性的方法,从人力资源管理视角出发来研究校企合作,而极少数学者采用定量的方法来研究校企合作。本章希望借助质性研究的实践来深入研究学校和企业的需求并促发校企合作行为,探讨基于学校校企合作行为、企业校企合作行为的方式,如何提升学生的创造力,并结合人力资源管理和协同创新的理论发展模型,并以此来指导教学实践。以往研究主要的贡献有以下几个方面:

(1)以往的研究已经采用定性研究方法从产、学、研、知识管理等角度,探讨了校企合作教育对学生创造力培养的作用,为进一步的实证研究提供了理论支持，本书则着重于研究应用技术大学如何在校企合作方面培养学生的创造力。

（2）学者对校企合作行为与组织创新鼓励关系的研究比较鲜见，对真实性领导、员工满意度、员工建言行为等前因变量的研究已经非常深入，大量的研究聚焦于将企业作为一个整体来研究。

（3）学者们对组织创新鼓励和创造力之间的关系研究甚广，并从理论和实证角度论证了组织创新鼓励对创造力的积极作用，为本书验证组织创新鼓励在校企合作教育和创新型人才创造力之间的中介作用提供了可能，但仍存在的研究空白如下：

一是缺乏定量实证分析，定性分析可论述校企合作行为可能会提升学生创造力，但对验证两者之间的关系具有一定的局限性，缺乏对内在作用机理的探讨。因而，通过构建校企合作创新型人才培养模型，改良现有测量校企合作行为的量表，验证模型的有效性，从而为后续研究打下基础。

二是研究内容和范围上有待拓展，关于研究企业组织创新鼓励的文献较多，但是由于研究者对于企业类型、企业性质、企业规模的研究视角存在着差异，因而对于增加学校和企业作为前因变量，针对校企协同创新的研究未形成广泛共识，而且以往对于组织创新鼓励的研究，大多是以企业员工为研究对象，很少有对双重身份个体（既是学校学生又是企业员工）的研究。

三是很多学者研究和验证了企业中组织创新鼓励对创造力的影响，但很少有学者对校企合作行为、组织创新鼓励以及创新型人才创造力之间的关系进行整合研究。

第三节 校企合作教育、组织创新鼓励和创新型人才创造力的关系

通过定性研究而非量化研究，得知多数文献目前处于理论探索阶段。结合以上质性研究的理论实践来源，接下来我们阐述校企合作教育、组织创新鼓励和创

新型人才创造力的关系。

一、校企合作教育对创新型人才创造力的影响

1. 校企合作教育实践对创造力的影响

校企合作既是学校和企业相结合，又是教育和生产相结合，学生可在教室和工作岗位两种环境，以及学生和员工两种角色中来回转换，这一类型的教学是"做中学""学中做""工学交替"的培养人才模式，特别强调从实践中培养学生的创造力。实践的行动步骤是："做—分析如何做—理论反思—改变—重复做"，从每次的实践中都能获取新的知识（简，2002）。学生这样的学习是不断积累经验的过程，随着经验的不断积累和提升，学生所掌握的内隐知识能激发学生的创新行为和培养学生的创造力。

实践不但能将学科知识技能不断综合以及与实践问题相联系，而且能把知识技能变成有效的工具用于解决实际问题，促使学生在解决问题的过程中有创新（姜丽华，2007）。实践的整个过程由于目标无法预设，把知识转化为能力，并能在整个过程中调动知识来解决实际问题，从而形成对创新能力培养的天然优势，因此，校企合作教育对创新型人才的培养具有可行性（蒋茂东，2004；王玮，2002）。

校企合作教育实践过程中应注重对学生个性化的培养，这无疑对创新性人才的造就起到积极的促进作用（张媛必，2006）。因此，要对传统的"一言堂""老师教，学生听"之类的教学方式进一步改革和完善，教师不再是教学者，而是引导者、教练者。同时，有企业导师参与到实践教学过程中，让学生通过整合理论知识与实践知识形成实践智慧，从而把新的想法告诉教师或企业导师，以学生为主体的教学能进一步激发学生的热情和创造性，学生的内在动力是影响个体创造力最重要的因素（Amabile，1997）。

2. 校企合作教育的文化因素对创造力的影响

第二章论述了 Amabile 等成员背景的多样性有利于形成创新，学校和企业是两个不同的组织，学校主要目的是人才培养，侧重于理论知识的教授；企业则注重市场效益，高度关注利润，侧重于实践知识的传导。因此，高校教师更多地拥有

理论知识，企业导师以实战经验为主，在教学和指导学生的过程中知识背景、思维方式和教授技巧也各有所长，这两种教学方式所带来的文化碰撞将有利于学生提高解决问题的能力，进而产生创意思考能力。陈劲（2009）发现，文化的异质性是创意思考能力培养的又一重要途径，这种异质文化有助于提高学生的创造力。

二、校企合作教育对组织创新鼓励的影响

Amabile 和 Senge（1997）等论述了信任在组织创新鼓励中的重要作用，信任是组织内部上级与下级创造良好组织氛围的必要前提，也能进一步促进学校和企业不同组织彼此之间的合作。学校和企业合作是一种相互交互、相互协同的行为，首先学校和企业之间就要建立一种信任的关系，才能使得参与到合作中的教师和企业导师之间相互信任，最终让学生作为培养对象获得学校和企业的信任，在这样一种学校与企业、教师与企业导师、同学与工作同事的交互过程中，培养创新型人才创造力。

董馨等（2014）根据哈肯（1971）协同理论和熊彼特（1912）创新理论，提出学生学习三年阶段的实践教学体系架构，包括创新服务、环境保障和金融支持三大系统构成的科研创新体系架构。在运行机制中又提出了宏观——问责机制调控行为，中观——价值共建推进资源整合以及微观——知识服务推动人才培养、技术转移。张瑞娟（2016）基于战略人力资源管理的情境理论，验证了创新导向人力资源管理实践通过创新氛围对组织创新起完全中介作用，战略人力资源管理通过组织情境因素对组织创新起部分作用。韩翼、杨百寅（2011）提出，心理资本起中介作用的路径模型，发现心理资本在真实型领导与员工创新行为之间起完全中介作用（见图3-2）。

图3-2 心理资本中介作用的路径模型

资料来源：韩翼，杨百寅. 真实型领导、心理资本与员工创新行为：领导成员交换的调节作用［J］. 管理世界，2011（12）：78-86.

以上研究表明，当组织层面的学校和企业领导深层次的价值观念一致时，更有可能激发双方内在动机和个人表达，并将长远焦点和愿景映射给培养对象，创造一种创新氛围。而员工的创造力与认知风格、内在激励和心理资本密切相关，也受组织支持和外部环境的激发。学生在学校里学习同时在合作企业中实习，校企双方创建宽松的组织气氛，有利于学生接收和反馈信息（Carmeli，2010），这些都有助于员工创新的产生。因此，在校企合作教育过程中，学校所出台的相关政策与企业共同营造出来的创新氛围一定程度上会影响到以二级学院为主的办学单位，而每个二级学院所营造的内部创新氛围会对教师队伍建设和人才培养模式起到至关重要的推动作用。

三、组织创新鼓励对创新型人才创造力的影响

创新是一种拿来主义，是在别人的基础上进行修改和翻新，很难从课堂的教学和课本中直接学到。学校借助校企合作这一平台提供发挥人才创造力的环境和机遇，让学生与有创新经历的人士合作与沟通，发挥环境与机遇的优势。影响创新型人才创造力的环境因素之一就是上级创新支持，本书中所指的上级是学校的老师、企业导师或企业的资深员工。

当上级支持和鼓励下属敢于建言，接受员工好的意见和建议，并不定期对学生提供建设性的回馈建议时，上级与同事所体现出来的支持性行为能够增强学生的创造力。一旦学生在工作中受到上级和同事的鼓励和肯定，他们就更愿意将其想法表达出来，从而产生创意绩效。

结合以上论述，可以建立校企合作教育、组织创新鼓励以及创新型人才创造力三者之间的关系，如图3-3所示：

图3-3 校企合作教育、组织创新鼓励与创新型人才创造力关系

从以上关系图中可以看出，校企合作教育通过组织创新鼓励这一中介变量，来影响创新型人才的创造力。

本章小结

本章分别探讨了校企合作教育对创新型人才创造力、对组织创新鼓励以及组织创新鼓励对创新型人才创造力影响的相关文献。通过对校企合作企业和参加过校企合作的学生进行半结构式的访谈，从而对校企合作行为、组织创新鼓励、创新型人才创造力之间的关系进行整合研究，构建了学校校企合作行为、企业校企合作行为、组织创新鼓励与创新型人才创造力作用关系的假设模型，认为校企合作教育与创新型人才创造力之间的关系可能体现在以下两个方面的直接效应，一是学校校企合作行为和企业校企合作行为直接作用于参与校企合作学生的创造力，二是学校校企合作行为和企业校企合作行为通过组织创新鼓励而作用于创新型人才创造力的中介效应。

第四章　校企合作教育对创新型人才创造力影响研究设计与假设

在上一章中通过质性研究和相关理论回顾，梳理了校企合作教育、组织创新鼓励和创新型人才创造力三者之间的关系，并构建了相关理论模型，本章将在理论模型的基础上定义变量与结构维度，提出研究假设。

第一节　变量定义与结构维度

在文献回顾中，学者大多从校企合作教育、组织创新氛围、创造力的内涵、影响因素以及相互关系方面进行研究，特别是对于组织创新鼓励、创造力的研究较多，对校企合作进行量化研究的较少。对各变量进行操作性定义如下：

一、校企合作教育

校企合作教育分为学校校企合作行为和企业校企合作行为（蒋茂东，2007；黄景荣，2005），以企业的实际用人需求为导向，借助学校的教学资源和企业的生产实践环境共同打造育人模式，把课堂教学和生产实践场景有机结合起来培养创新型人才。学校和企业是校企合作教育的主体，相互合作的主要目标是让学生走出校门之前就已经能初步了解企业的经营模式、生产场景及用人需求。学校方面的合作行为表现在为企业解决用人需求，提供技术支持解决企业技术难题，提供企业员工培训服务和成为企业发展的战略智库。企业方面的合作行为体现在参与学校专业建设、课程设置，设计人才培养方案，并提供实习和就业岗位、实训设施和企业实习指导老师等。本章借鉴蒋茂东（2007）、黄景荣（2005）等的观点和徐小英（2001）的研究，在半结构式访谈的基础上，改良现有的学校校企合作行为、企业校企合作行为两个变量的量表，来进一步量化和测量校企合作教育。

二、组织创新鼓励

Amabile 等（1996）通过 KEYS 研究工作创新氛围，主要分组织创新鼓励（组织创新支持、上级创新支持和同事创新支持）、自主创新、充足的资源、压力（有挑战性的工作、工作量压力）和组织阻碍创新等内容，从而得出 KEYS 测量量表并提供了七个方向的研究方法，一个最重要的结果是不同强度的工作环境因素，在竞争、组织创新鼓励、工作支持、主管鼓励和组织阻碍创新中形成很重要的创新行为。Scott 和 Bruce（1994）认为，组织创新的支持是对员工的一种开放性的态度，表现为支持员工的新构想以及接受员工的建言。组织支持、上级支持和同事支持是最重要的三个因素（傅世侠和罗玲玲，2005）。刘云、石金涛（2010）也借助员工对工作环境创新的支持程度论证了组织创新鼓励的三个维度。根据以上论述，本书认为组织创新鼓励是指学生在学习和实习过程中能感知到的工作氛围，以及工作环境中组织的政策支持、上级和同事对创造性活动的支持，因此，界定为组织创新支持、上级创新支持和同事创新支持三个维度。

三、创新型人才创造力

Amabile（1988）认为，员工创造力的本质是组织领域中新颖的和适用的创意的产生。陈晓（2006）认为，创造力是员工提出的有益于组织运作、经营和发展的新构想。本书认为学生的创造力是指其能对企业的产品、服务或管理流程提出的新颖且有价值的创意或建议，从而产生新颖性和适用性的创新，而环境包括组织环境、社会环境、家庭环境、学校环境和企业环境等对于学生创造力的形成和发展具有重要作用。

第二节 研究假设

一、校企合作教育与创新型人才创造力的关系

已有文献论述了校企合作中的实践，能够显著提高学生的创造力（姜丽华，2007；蒋茂东，2004；张媛必，2006）。不同成员间的文化互补、工作环境中的领导支持和同事反馈，都有助于创造力的提升（Amabile，1997）。因此，企业在校企合作中会给学校带来很多其本身不具备的资源，具有独特的优势，包括敏锐的市场意识、商业模式传授、企业家精神、领导力等，能形成真实的工作环境、有目标明确的工作任务等，有助于学生创造力的提升。综合上述探讨提出相关假设如下：

假设1：学校校企合作行为与创新型人才创造力正相关。

假设2：企业校企合作行为与创新型人才创造力正相关。

二、校企合作教育与组织创新鼓励的关系

随着应用技术大学校企合作开门办学的需求日益增多，组织协同成为影响学校和企业共同发展的重要问题，校企合作共同培养创新型人才的主要原因是这能够给企业带来附加价值，即产生协同效应。组织协同创新受组织创新鼓励的影响，能够影响个体的态度、信念、动机、价值观和创新行为，从而影响到组织的创新能力，实证研究表明内部协同在形成学生感知的氛围中扮演了关键的角色（Baer and Frese，2003；Bharadwaj and Menon，2000；Gelade and Ivery，2003）。

组织创新是一个动态过程,充满了不确定性,需要组织长期投入并不断进行新的尝试(Balkin et al., 2000)。让实习生充分感受到高校和企业对创新的支持,高校和企业还需要为学生提供资源、时间支持等工作氛围,这样的氛围对激发学生创造力和实践至关重要,是组织创新的重要影响因素(Kanter, 1983; Ambile, 1996)。基于上述探讨提出相关假设如下:

假设3:学校校企合作行为与组织创新鼓励正相关。

假设3a:学校校企合作行为与组织创新支持正相关。

假设3b:学校校企合作行为与上级创新支持正相关。

假设3c:学校校企合作行为与同事创新支持正相关。

假设4:企业校企合作行为与组织创新鼓励正相关。

假设4a:企业校企合作行为与组织创新支持正相关。

假设4b:企业校企合作行为与上级创新支持正相关。

假设4c:企业校企合作行为与同事创新支持正相关。

三、组织创新鼓励与创新型人才创造力的关系

组织创新支持对于员工创造力有直接的促进作用(Scott and Bruce, 1994; Amabile, 1996)。Zhou和George(2001)发现当企业中不满意的员工得到同事帮助支持时,会用积极的创造性行为做出反应。上级和同事创新支持能够通过积极情绪的路径作用于员工创造力(Madjar, 2002)。Zhou和George(2001)注意到,当上级提供发展型反馈和创造性同事并存时,能够提升员工创造力,而Shalky、Gilson和George(2009)在关注员工的成长需要时发现,具有强成长需求的员工在得到组织创新支持时(成长需求与组织支持的交互)对于员工自评的创造力有积极性的影响。薛玉品(2007)验证了工作环境中的组织支持对创造力和员工创新行为的影响。由此提出如下假设:

假设5:组织创新鼓励与创新型人才创造力正相关。

假设5a:组织创新支持与创新型人才创造力正相关。

假设5b:上级创新支持与创新型人才创造力正相关。

假设5c：同事创新支持与创新型人才创造力正相关。

四、组织创新鼓励的中介作用

温忠麟等（2004）提出，自变量 X 通过 M 对因变量 Y 有影响，称 M 为中介变量。实际上，在学校校企合作行为和企业校企合作行为、组织创新支持、上级创新支持和同事创新支持以及创新型人才创造力之间并非仅仅有关联，它们之间存在更为深刻的内在逻辑关系，校企合作行为引导企业、学校形成组织创新鼓励对二者之间的认同和支持，并建构了学生对其创造性能力的良好氛围，而学校老师和企业导师的组织创新支持、上级创新支持和同事创新支持，进一步促进了学生创造力。可判断学校和企业合作行为主要通过组织创新鼓励间接正向影响创新型的创造力。据此本书提出如下假设：

假设6：组织创新鼓励（包括组织创新支持、上级创新支持和同事创新支持）在学校校企合作行为和创新型人才创造力之间起中介作用。

假设6a：组织创新支持在学校校企合作行为与创新型人才创造力之间起中介作用。

假设6b：上级创新支持在学校校企合作行为与创新型人才创造力之间起中介作用。

假设6c：同事创新支持在学校校企合作行为与创新型人才创造力之间起中介作用。

假设7：组织创新鼓励（包括组织创新支持、上级创新支持和同事创新支持）在企业校企合作行为和创新型人才创造力之间起中介作用。

假设7a：组织创新支持在企业校企合作行为与创新型人才创造力之间起中介作用。

假设7b：上级创新支持在企业校企合作行为与创新型人才创造力之间起中介作用。

假设7c：同事创新支持在企业校企合作行为与创新型人才创造力之间起中介作用。

本书采用 Amabile 等（1996）在组织创新氛围中提出的组织鼓励概念，将组织创新支持、上级创新支持和同事创新支持三个维度作为组织创新鼓励的二阶构念。接下来将分析组织创新鼓励以及分维度对创新型人才创造力的影响差异，同时将解释这些差异从而说明创新型人才培养的内在机理。根据以上论述，实证研究模型如图 4-1 所示：

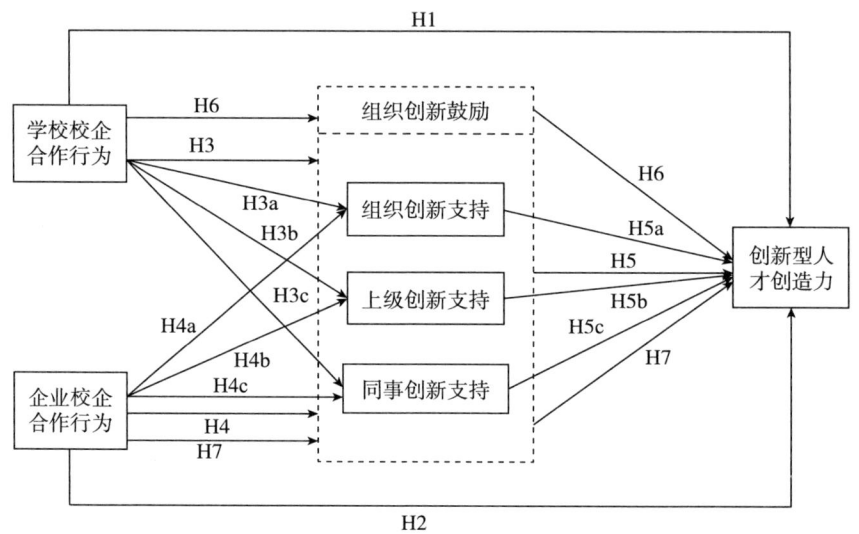

图 4-1　实证研究模型

本章小结

在本章中，通过对校企合作企业和参与过校企合作的企业和学生进行半结构式的访谈，构建了学校校企合作行为、企业校企合作行为、组织创新鼓励与创新型人才创造力作用关系的模型。通过定义各变量与结构维度，阐述了学校、企业校企合作行为、组织创新鼓励和创新型人才创新力三者之间的关系，并提出了相应的研究假设。

第五章 校企合作教育对创新型人才创造力影响问卷设计与小样本测试

前面章节通过质性研究和相关理论回顾,构建了相关理论模型,并在理论模型的基础上定义变量与结构维度,提出研究假设,本章将对本书的问卷测量项目进行设计,并通过小样本测试来确定最终测量量表并对相关变量进行测量。

第一节 问卷设计的原则和过程

一、问卷设计的原则

杨国枢等(2006)提出,问卷内容设计的原则包括,开放式和限制式的问题提出应根据研究性质来决定,且应切合研究假设的需要,要言简意赅并通俗易懂,以免让被访者不知如何作答。另外,所提问题不要太抽象、太特殊、太笼统、太复杂,更不要把问题理论化,应在被访者的知识与能力范围内。刘军(2008)也强调了问卷设计的提问应语句简洁,否定性的措辞和逆向评分应当慎用。在过往文献中研究已经开发和使用过的量表一般具有较高的信度和效度,且认可度较高,如沿用现有的量表则具有一定的优势。此外,应注意不同国家情景下开发的量表所产生的文化差异并不能随意删改（谢家琳，2008）。

关于校企合作教育的量化研究较少，徐小英（2011）设计开发了校企合作教育共计22条量表题目，这些量表用于研究职业院校对技能型人才的培养有一定的局限性。因此，笔者在现有校企合作教育问卷条目的基础上，在第三章中采用半结构式访谈（归纳式）和文献阅读（演绎式）两者结合，改良现有校企合作教育量表。组织创新鼓励、创新型人才创造力都有较成熟的量表可以借鉴。

二、问卷设计的过程

本章问卷设计具体过程如下：

（1）文献检索与收集。充分理论构思研究框架，确定每个变量的操作定义。运用关键字检索法，从中国知网、百度学术、Google学术、万方数据库等资料库中收集中英文文献，通过对相关文献进行整理和分析，探索有关校企合作教育、组织创新鼓励、创新型人才创造力之间作用机制的理论框架，在这个基础上进行半结构式访谈。

（2）半结构式访谈。在第三章中已经详细描述了半结构式访谈的编码和整个进行过程，累计访谈时间约20小时，整理访谈记录共计40多页。针对校企合作企业负责人访谈的问题为：您觉得本企业/行业对创新型人才的需求有什么特点？您如何看待校企合作对学生的培养以及企业对高校的社会责任？贵企业/行业要招什么类型的员工？高校应如何设置专业课程更为合理？如何通过校企合作方式来培养学生的创新思维？学校如何进行师资队伍培养，并通过校企合作能给企业产生哪些效益？学生个人品质、家庭条件、自身经历对职业素养的形成有什么影响？

针对学生半结构式访谈的问题为：您觉得在该合作企业实习最大的问题是什么？您对该企业有哪些不满意的地方？在工作中有没有通过你的工作创新为该企业做了一些改变？该企业的领导和同事怎么样？你怎么看待该行业呢？会不会打算继续做类似的工作？那对校企合作这样的模式有什么好的建议？如果没有一年的实习协议会不会很快离职？

(3) 结合文献回顾借鉴并翻译成熟量表。通过阅读文献,收集、归纳本书研究相关变量的测量量表。为了确保所选量表符合本研究需要,将本研究的概念框架及变量的定义、量表发送给部分本领域研究者、相关企业管理人员和参与校企合作的学生进行意见征求和讨论。

第二节 校企合作教育、组织创新鼓励与创新型人才创造力的测量

本章测量的变量包括:学校校企合作行为、企业校企合作行为、组织创新支持、上级创新支持、同事创新支持和创新型人才创造力。采用 Likert 5 级量表对变量进行测量,其中,很不同意用"1"表示,不太同意用"2"表示,不确定用"3"表示,比较同意用"4"表示,非常同意用"5"表示。

一、校企合作教育的测量

关于校企合作教育的定量研究较少,可沿用的成熟量表为数不多,徐小英(2011)开发了校企合作教育量表,从学校校企合作行为和企业校企合作行为两个维度来进行测量,具体如表 5-1 和表 5-2 所示。

表 5-1 学校校企合作行为初始测量题项

代码	测量题项
1	学校的授课老师知识、技能水平很高
2	学校的课程能够适应企业需求
3	学校课程中的训练内容来自企业真实情况
4	学校安排的专门的实习老师指导水平很高
5	学校帮助我所在的企业解决经营管理问题
6	帮助我所在的企业解决技术工艺问题

续表

代码	测量题项
7	学校为我所在的企业提供员工培训
8	学校为我所在的企业提供文化设施服务

资料来源：徐小英.校企合作教育对技能型人才创造力的影响研究——知识分享的中介作用［D］.武汉大学博士学位论文，2011．

表5-2 企业校企合作行为初始测量题项

代码	测量题项
1	我所在的企业参与了学校的课程建设
2	我所在的企业为学校提供实训设备
3	我所在的企业为学生提供教学项目
4	我所在企业的专家在学校担任兼职教师或开讲座
5	我所在企业的代表出席学校的很多活动
6	我所在的企业安排专门的老师辅导我们
7	我所在的企业安排的辅导老师水平很高
8	我所在的企业为学生提供就业机会
9	我所在的企业能宽容我们所犯的错误
10	我所在的企业对我们很信任
11	我所在的企业重视有创新能力的人

资料来源：徐小英.校企合作教育对技能型人才创造力的影响研究——知识分享的中介作用［D］.武汉大学博士学位论文，2011．

学校与企业合作培养人才方面主要体现在：通过合作及时了解企业所需人才的类型和岗位信息，并通过协同创新和"产、学、研"的角度把校内的科研成果转化为盈利项目，同时，对理论研究过程中的成功案例，提炼新的生产经营理念，帮助企业解决运营过程中的实际问题。最后，通过合作培养"订单式"人才，促进毕业生就业，最终实现学校与企业的协同创新（王玮，2002；蒋茂东，2004；黄景荣，2007；李淑云，2008）。本研究根据半结构式访谈获取的信息，把"学校的授课老师知识、技能水平很高"改为"学校安排专门的老师指导我们实习"，"学校帮助我所在的企业解决经营管理问题"改为"学校为我所在的企业提供教学案例并为其制定发展战略";同时,去掉"学校的课程能够适应企业需求""学校为我所在的企业提供文化设施服务"条目;最后,增加"学校优先为我所在的企业推荐毕业生""学校按照我所在企业的需求培养订单式人才""学校为我所在的企业提供新的生产经营理念"等条目,用英文字母 U(University)标识,共计 8 条测量条目,即 U01~U08。

表5-3 学校校企合作行为初始测量题项

代码	测量题项
U01	学校优先为我所在的企业推荐毕业生
U02	学校帮助我所在的企业解决技术工艺问题
U03	学校为我所在的企业提供员工培训服务
U04	学校为我所在的企业提供教学案例并为其制定发展战略
U05	学校按照我所在企业的需求培养订单式人才
U06	学校为我所在的企业提供新的生产经营理念
U07	学校课程中的教学(实训)内容来自企业真实案例
U08	学校安排专门的老师指导我们实习

同样,企业层面量表改良如下:保留 1、2、4、7 条目,增加"我所在的企业善于总结在生产过程中的实践经验或案例并放到学校的教学中""我所在的企业为学校提供新的教学理念"以体现协同创新的双向沟通;增加"我所在企业有专家到学校为学生做职业生涯规划"这一条目的测量将对创新型人才培养起到关键性的作用,去掉 3、5、6、8、9、10、11 等条目,其中,将 9、10、11 三个条目放到组织创新鼓励变量中进行测量,测量条目用 E(Enterprise)标识,共计 10 条测量条目,即 E01~E10。如表 5-4 所示:

表5-4 企业校企合作行为初始测量题项

代码	测量题项
E01	我所在的企业参与了学校的课程建设
E02	我所在的企业为学校提供实训设备

续表

代码	测量题项
E03	我所在的企业善于总结在生产过程中的实践经验或案例并放到学校的教学中
E04	我所在的企业为学校提供新的教学理念
E05	我所在企业的专家在学校担任兼职教师或开讲座
E06	我所在企业有专家到学校为学生做职业生涯规划
E07	我所在的企业安排的导师水平很高
E08	我所在的企业希望把该企业用人需求类型定制到学校的整个人才培养过程中
E09	我所在的企业不断更新我的创新理念以便跟上企业发展的步伐
E10	我所在的企业能为学校带来很多新的资源

二、组织创新鼓励的测量

Scott 和 Bruce（1994）在对员工创新行为进行研究时，开发了包含 16 个题项的组织创新支持量表，用来描述组织对变革的开放态度、支持员工的创意，及对多样化团队的包容等内涵。Amabile（1996）的组织创新氛围 KEYS 量表包括 8 个独立量表（见表 5-5）。

表 5-5　Amabile（1996）的组织创新氛围量表维度及样题

量表名称	条目	内涵描述	样题
组织创新支持	15	促进创造力的组织文化通过公平、建设性评估、薪酬制度设计以营造认同创造性活动的氛围。设计组织机制以帮助创意提出、分享	组织鼓励员工创造性地解决问题
上级创新支持	11	上级充当着员工创造活动的好榜样，能够明确、合理的目标，支持工作团队，重视个体的贡献，并对员工充满信心	上级主管是个好的工作榜样
工作团队（同事）创新支持	8	团队由具有多样化技能的成员构成，成员之间沟通顺畅，对创意持开放心态，能对他人工作提出建设性意见。互相信任、帮助，并在工作中达成共识	我的团队能够自由和开放式地进行沟通

刘云和石金涛（2010）将组织创新支持、上级创新支持和同事创新支持放在一起，并认为它们共同构成了组织创新氛围。本书主要从组织创新氛围总量表中选择其中的组织创新支持、上级创新支持和同事创新支持分量表，作为中介量表的基础。杨洁（2011）在基于角色认同和效能信念的中介作用中，也证明了组织创新鼓励对员工创造力正相关且具有显著影响。最后，本章采用邱皓政等（2009）组织创新氛围量表中的组织理念代表组织创新支持构念，领导效能代表上级创新支持构念，以及团队运作代表同事创新支持构念，并认为三种支持是组织创新鼓励的分维度，从而得到组织创新鼓励最终量表。测量条目组织创新支持用OCS标识，共计6条测量条目，即OCS01~OCS06；上级创新支持用SCS标识，共计5条测量条目，即SCS01~SCS05；同事创新支持用CCS标识，共计5条测量条目，即CCS01~CCS05。

表5-6 组织创新鼓励初始测量题项

代码	测量题项
OCS01	学校或校方合作企业，重视人力资源，鼓励创新思考
OCS02	学校或校方合作企业，上下级意见交流沟通顺畅
OCS03	学校或校方合作企业，心态保守，开创性不足
OCS04	学校或校方合作企业，能够提供条件以鼓励产生创新的构想
OCS05	学校或校方合作企业，鼓励尝试和从错误中学习
OCS06	学校或校方合作企业，崇尚自由开放与创新变革
SCS01	学校老师或企业主管，能够尊重和支持我在工作上的创意
SCS02	学校老师或企业主管，拥有良好的沟通协调能力
SCS03	学校老师或企业主管，能够尊重不同的意见与建议
SCS04	学校老师或企业主管，能够信任我，适当授权
SCS05	学校老师或企业主管，以身作则，是一个良好的工作典范
CCS01	我的工作伙伴和团队成员（学校老师、企业人员或同学）有良好的共识
CCS02	我的工作伙伴和团队成员（学校老师、企业人员或同学）有一致的目标
CCS03	我的工作伙伴和团队成员（学校老师、企业人员或同学）能够相互支持与协助
CCS04	我的工作伙伴和团队成员（学校老师、企业人员或同学）能够多方讨论、交换心得
CCS05	我的工作伙伴和团队成员（学校老师、企业人员或同学）能以沟通协调来化解问题和冲突

资料来源：邱皓政，陈燕祯，林碧芳. 组织创新气氛量表的发展与信效度衡鉴[J]. 测验学刊，2009，56（1）：69-97.

三、创新型人才创造力的测量

Tiemey、Farmer 和 George（1999）使用了 9 个 5 点式的项目来测量员工的创造力。Zhou 和 George（2001）对其进行了改进，增加了 4 个条目，形成了 13 个条目的创造力测量量表。吕丽峰（2005）、张杰（2007）、施丹（2009）、徐小英（2011）都验证了它在中国情境下的有效性。测量条目创新型人才创造力用 IC（Innovative Creativity）标识，共计 12 条测量条目，即 C01～C12。最终创造力量表如表 5-7 所示：

表 5-7 创新型人才创造力初始测量题项

代码	测量题项
C01	参加校企合作后，我更能想到新颖又实用的方法来改善工作绩效
C02	参加校企合作后，我更能够主动寻找新的工作方法、工作程序
C03	参加校企合作后，我有更多创新的想法
C04	参加校企合作后，我更能够把自己的新想法介绍给他人
C05	参加校企合作后，我更能把握机会将创意用在工作上
C06	参加校企合作后，我更能够制订计划实施自己的新想法
C07	参加校企合作后，我经常提出新的实施工作任务的方案
C08	参加校企合作后，我更能够用新方法解决问题
C09	参加校企合作后，我更能够为完成工作任务提出新方法
C10	参加校企合作后，我更能够将我的新想法付诸实施
C11	参加校企合作后，我更能提出新方法来改善工作质量
C12	参加校企合作后，我没有什么收获

资料来源：Amabile T. M., Conti R., Coon H., et al. Assessing the work environment for creativity [J]. Academy of management journal, 1996, 39 (5): 1154–1184.

第三节 小样本测试

小样本测试于 2017 年 3～4 月在百色学院、南宁学院这两所广西高校选取了 140 名参与过校企合作教育的学生进行问卷调查，包括毕业实习、订单班和在校参加企业提供的项目等多种类型。共发放问卷 140 份，回收 140 份，回收率 100%。回收后根据以下原则剔除：问卷有多处空白的不予采用；填写前后有矛盾的不予以采用，问卷填写的选项全部一样或绝大部分一样的不予采用。最终确定有效问卷 128 份，问卷有效率为 91%。

一、小样本测试的标准与程序

首先剔除信度较低的条款，即对各潜变量的测量条款进行净化，然后通过再测法、复本相关法、折半法、系数法等检测小样本的信度。本章采用纠正条款的总相关系数，也就是进行测量条款的净化方法为绝对值小于 0.5，且删除后可以将增加值的条款予以删除。本章以作为净化测量条款的标准，利用信度系数法来测量条款的信度，信度系数越大，表明测量的可信程度越高。

二、小样本效度与信度评价

1. 学校校企合作行为量表的净化与探索性因子分析及信度分析

（1）CITC 及信度分析。

表 5-8　学校校企合作行为量表的克隆巴赫系数

Cronbach Alpha	基于标准化项目的 Cronbach Alpha	项目个数
0.936	0.936	8

表 5-9　学校校企合作行为量表的 CITC 及信度分析

测量项目	初始 CITC 值	最终 CITC 值	删除该项目后的 α 系数	量表 α 系数值
U01	0.746	0.607	0.930	
U02	0.791	0.654	0.926	
U03	0.843	0.732	0.923	
U04	0.832	0.725	0.923	$\alpha = 0.936$
U05	0.805	0.674	0.925	
U06	0.792	0.636	0.926	
U07	0.711	0.533	0.932	
U08	0.682	0.489	0.934	

从以上表格可以看出，学校校企合作 Cronbach Alpha 系数为 0.936，各维度的 α 系数值均大于 0.7，该量表符合研究要求。

（2）KMO 值与 Bartlett 球形检验。

表 5-10　学校校企合作行为的 KMO 值与 Bartlett 球形检验

测量取样适当性	0.941
卡方	748.640
df	28
显著性	0.000

从以上表格可以看出，学校校企合作行为量表的 KMO 测试系数为 0.941，Bartlett 球形检验的统计值显著性概率小于 0.001，均符合进行探索性因子分析的条件，可以进行下一步分析。

（3）探索性因子分析。最终剩余的测量条款为一个维度，学校校企合作行为最终累积方差贡献率的因素负载矩阵如表 5-11 所示，累积方差贡献率接近 70%，符合研究要求。

表 5-11　学校校企合作行为最终累积方差贡献率

元件	起始特征值			摘取平方和载入		
	总计	变异的（%）	累加（%）	总计	变异的（%）	累积（%）
1	5.549	69.358	69.358	5.549	69.358	69.358
2	0.593	7.414	76.772			
3	0.454	5.676	82.448			
4	0.369	4.616	87.064			
5	0.318	3.972	91.036			
6	0.265	3.310	94.346			
7	0.257	3.216	97.562			
8	0.195	2.438	100.000			

表5-12 学校校企合作行为量表探索性因子分析结果

维度	题项	成分因素
学校校企合作行为	U03	0.887
	U04	0.880
	U05	0.858
	U06	0.847
	U02	0.844
	U01	0.809
	U07	0.777
	U08	0.751

2. 企业校企合作行为量表的净化与探索性因子分析

(1) CITC 及信度分析。

表5-13 企业校企合作行为量表的克隆巴赫系数

Cronbach Alpha	基于标准化项目的 Cronbach Alpha	项目个数
0.967	0.967	10

表5-14 企业校企合作行为量表的 CITC 及信度分析

测量项目	初始 CITC 值	最终 CITC 值	删除该项目后的 α 系数	量表 α 系数值
E01	0.828	0.697	0.964	
E02	0.827	0.746	0.964	
E03	0.906	0.869	0.961	
E04	0.883	0.848	0.962	
E05	0.803	0.724	0.965	α = 0.967
E06	0.850	0.780	0.963	
E07	0.874	0.787	0.962	
E08	0.773	0.649	0.966	
E09	0.835	0.792	0.964	
E10	0.892	0.841	0.961	

以上表格显示企业校企合作 Cronbach Alpha 系数为 0.967，各维度的 α 系数值均大于 0.7，说明该量表符合研究要求。

（2）KMO 值与 Bartlett 球形检验。

表 5-15　企业校企合作行为的 KMO 值与 Bartlett 球形检验

测量取样适当性	0.936
卡方	1421.715
df	45
显著性	0.000

从以上表格可以看出，企业校企合作行为量表的 KMO 测试系数为 0.936，Bartlett 球形检验的统计值显著性概率小于 0.001，均符合进行探索性因子分析的条件。

（3）探索性因子分析。最终剩余的测量条款为一个维度，企业合作行为最终的累积方差贡献率的因素负载矩阵如表 5-16 所示，累积方差贡献率大于 70%，符合研究要求。

表 5-16　企业合作行为最终的累积方差贡献率

元件	起始特征值			摘取平方和载入		
	总计	变异的（%）	累加（%）	总计	变异的（%）	累积（%）
1	7.713	77.127	77.127	7.713	77.127	77.127
2	0.478	4.781	81.908			
3	0.433	4.329	86.237			
4	0.305	3.049	89.286			
5	0.278	2.776	92.062			
6	0.244	2.439	94.501			
7	0.183	1.831	96.332			
8	0.172	1.716	98.048			
9	0.119	1.186	99.234			
10	0.077	0.766	100.000			

表 5-17 企业合作行为探索性因子分析结果

维度	题项	成分因素
企业校企合作行为	E03	0.926
	E10	0.915
	E04	0.909
	E07	0.900
	E06	0.879
	E09	0.870
	E01	0.862
	E02	0.862
	E05	0.839
	E08	0.814

3. 组织创新鼓励量表的净化与探索性因子分析

（1）CITC 及信度分析。

表 5-18 组织创新鼓励量表的克隆巴赫系数

Cronbach Alpha	基于标准化项目的 Cronbach Alpha	项目个数
0.979	0.979	15

表 5-19 组织创新鼓励量表的 CITC 及信度分析

测量项目	初始 CITC 值	最终 CITC 值	删除该项目后的 α 系数	量表 α 系数值
OCS01	0.814	0.753	0.979	
OCS02	0.883	0.808	0.978	
OCS03	0.277	—	0.979	
OCS04	0.872	0.829	0.978	初始 α = 0.973
OCS05	0.819	0.793	0.979	最终 α = 0.979
OCS06	0.876	0.833	0.978	
SCS01	0.893	0.831	0.977	
SCS02	0.881	0.864	0.978	
SCS03	0.858	0.832	0.978	
SCS04	0.832	0.773	0.978	

续表

测量项目	初始 CITC 值	最终 CITC 值	删除该项目后的 α 系数	量表 α 系数值
SCS05	0.893	0.825	0.977	
CCS01	0.837	0.815	0.978	
CCS02	0.824	0.798	0.978	初始 α = 0.973
CCS03	0.874	0.868	0.978	最终 α = 0.979
CCS04	0.884	0.856	0.978	
CCS05	0.891	0.901	0.977	

通过主成分分析法对剩余条款进行因素提取，发现有 1 个因素的特征值大于 1，其值分别为 11.645，这两个因素解释的方差累计比例达到 85.686%，超过 50%。量表总体和各维度信度指标较好，用 CITC 进一步分析发现组织创新支持维度的第三条目，OCS03 的 CITC 数值为 0.277，小于 0.5，予以删除，删除后 α 的系数提高到 0.979，组织创新鼓励 Cronbach Alpha 系数为 0.979，各维度的 α 系数值均大于 0.7，说明该量表符合研究要求。最终剩余的测量条款共由三个维度构成，每个测量条款的因素负载矩阵如表 5-19 所示，分别是组织创新支持条目（1、2、4、5、6）、上级创新支持条目（1、2、3、4、5）和同事创新支持条目（1、2、3、4、5），因素总的解释变异量也由原来的 0.973% 增加到 0.979%。

（2）KMO 值与 Bartlett 球形检验。

表 5-20 组织创新鼓励的 KMO 值与 Bartlett 球形检验

测量取样适当性	0.958
卡方	2523.965
df	105
显著性	0.000

从以上表格可以看出，组织创新鼓励量表的 KMO 测试系数为 0.958，Bartlett 球形检验的统计值显著性概率小于 0.001，均符合进行探索性因子分析的条件，可以进行下一步分析。

(3) 探索性因子分析。最终剩余的测量条款为三个维度，测量条款的因素负载矩阵如表5-21所示：

表5-21 组织创新鼓励最终的累积方差贡献率

元件	起始特征值			摘取平方和载入		
	总计	变异的（%）	累加（%）	总计	变异的（%）	累积（%）
1	11.645	77.633	77.633	11.645	77.633	77.633
2	0.778	5.184	82.817	0.778	5.184	82.817
3	0.430	2.869	85.686	0.430	2.869	85.686
4	0.391	2.603	88.289			
5	0.284	1.896	90.185			
6	0.262	1.750	91.935			
7	0.213	1.419	93.354			
8	0.185	1.235	94.589			
9	0.172	1.150	95.739			
10	0.151	1.008	96.747			
11	0.135	0.901	97.648			
12	0.106	0.707	98.355			
13	0.099	0.662	99.017			
14	0.080	0.530	99.547			
15	0.068	0.453	100.000			

累积方差贡献率大于70%符合研究要求。

表5-22 组织创新氛围探索性因子分析结果

维度	题项	成分因素		
		1	2	3
组织创新支持	OCS01	0.808		
	OCS05	0.805		
	OCS06	0.676		
	OCS04	0.640		
	OCS02	0.583		

续表

维度	题项	成分因素		
		1	2	3
上级创新支持	SCS02		0.729	
	SCS04		0.686	
	SCS01		0.609	
	SCS03		0.578	
	SCS05		0.553	
同事创新支持	CCS01			0.815
	CCS02			0.808
	CCS03			0.772
	CCS05			0.729
	CCS04			0.688

4. 创新型人才创造力量表的净化与探索性因子分析

（1）CITC 及信度分析。

表 5-23 创新型人才创造力的 KMO 值与 Bartlett 球形检验

Cronbach Alpha	基于标准化项目的 Cronbach Alpha	项目个数
0.979	0.979	11

表 5-24 创新型人才创造力量表的 CITC 及信度分析

测量项目	初始 CITC 值	最终 CITC 值	删除该项目后的 α 系数	量表 α 系数值
C01	0.835	0.803	0.978	
C02	0.901	0.868	0.976	
C03	0.868	0.817	0.977	
C04	0.878	0.812	0.977	
C05	0.916	0.864	0.976	初始 α = 0.963
C06	0.909	0.843	0.976	最终 α = 0.979
C07	0.828	0.774	0.978	
C08	0.932	0.878	0.975	
C09	0.898	0.848	0.976	

续表

测量项目	初始 CITC 值	最终 CITC 值	删除该项目后的 α 系数	量表 α 系数值
C10	0.902	0.862	0.976	
C11	0.900	0.831	0.976	初始 α = 0.963 最终 α = 0.979
C12	0.302	—	0.979	

量表总体和各维度信度指标较好,用 CITC 进一步分析发现创造力的第十二条目,C12 的 CITC 数值为 0.302,小于 0.5,予以删除,删除后 α 的系数提高到 0.979,创造力 Cronbach Alpha 系数为 0.979,各维度的 α 系数值均大于 0.7,说明该量表符合研究要求。

(2) KMO 值与 Bartlett 球形检验。

表 5-25 创新型人才创造力的 KMO 值与 Bartlett 球形检验

测量取样适当性	0.954
卡方	1944.419
df	55
显著性	0.000

从以上表格可以看出,创造力量表的 KMO 测试系数为 0.954,Bartlett 球形检验的统计值显著性概率小于 0.001,均符合进行探索性因子分析的条件,可以进行下一步分析。

(3) 探索性因子分析。最终剩余的测量条款为一个维度,测量条款的因素负载矩阵如表 5-26 所示:

表 5-26 创新型人才创造力最终的累积方差贡献率

元件	起始特征值			摘取平方和载入		
	总计	变异的 (%)	累加 (%)	总计	变异的 (%)	累积 (%)
1	9.079	82.533	82.533	9.079	82.533	82.533
2	0.485	4.412	86.945			

续表

元件	起始特征值			摘取平方和载入		
	总计	变异的（%）	累加（%）	总计	变异的（%）	累积（%）
3	0.315	2.865	89.810	9.079	82.533	82.533
4	0.223	2.025	91.835			
5	0.198	1.802	93.637			
6	0.163	1.478	95.116			
7	0.147	1.332	96.448			
8	0.117	1.065	97.513			
9	0.101	0.919	98.431			
10	0.094	0.852	99.283			
11	0.079	0.717	100.000			

累积方差贡献率大于70%符合研究要求。

表5-27 创新型人才创造力探索性因子分析结果

维度	题项	成分因素
创新型人才创造力	C08	0.945
	C05	0.932
	C06	0.926
	C10	0.921
	C02	0.919
	C11	0.918
	C09	0.916
	C04	0.901
	C03	0.891
	C01	0.863
	C07	0.857

三、正式量表维度与题项的确认

最终学校校企合作行为、企业校企合作行为、组织创新鼓励、创新型人才创造力4个量表的因子数及信度，如表5-28所示：

表 5-28 各量表变量信度汇总

变量	因子数量	信度
学校校企合作行为	1	0.948
企业校企合作行为	1	0.971
组织创新鼓励	3	0.936
创新型人才创造力	1	0.981

经过以上小样本测试，并向相关专家、学者、受访对象征求意见，最终形成的正式量表，如表 5-29 所示：

表 5-29 最终问卷条目

变量	代码	测量题项
校企合作教育		
学校校企合作行为	U01	学校优先为我所在的企业推荐毕业生
	U02	学校帮助我所在的企业解决技术工艺问题
	U03	学校为我所在的企业提供员工培训服务
	U04	学校为我所在的企业提供教学案例并为其制定发展战略
	U05	学校按照我所在企业的需求培养订单式人才
	U06	学校为我所在的企业提供新的生产经营理念
	U07	学校课程中的教学（实训）内容来自企业真实案例
	U08	学校安排专门的老师指导我们实习
企业校企合作行为	E01	我所在的企业参与了学校的课程建设
	E02	我所在的企业为学校提供实训设备
	E03	我所在的企业善于总结在生产过程中的实践经验或案例并放到学校的教学中
	E04	我所在的企业为学校提供新的教学理念
	E05	我所在企业的专家在学校担任兼职教师或开讲座
	E06	我所在企业有专家到学校为学生做职业生涯规划
	E07	我所在的企业安排的导师水平很高
	E08	我所在的企业希望把该企业用人需求类型定制到学校的整个人才培养过程中
	E09	我所在的企业不断更新我的创新理念以便跟上企业发展的步伐
	E10	我所在的企业能为学校带来很多新的资源

续表

变量	代码	测量题项
组织创新鼓励		
组织创新支持	OCS01	学校或校方合作企业，重视人力资源，鼓励创新思考
	OCS02	学校或校方合作企业，上下级意见交流沟通顺畅
	OCS03	学校或校方合作企业，能够提供条件以鼓励产生创新的构想
	OCS04	学校或校方合作企业，鼓励尝试和从错误中学习
	OCS05	学校或校方合作企业，崇尚自由开放与创新变革
上级创新支持	SCS01	学校老师或企业主管，能够尊重和支持我在工作上的创意
	SCS02	学校老师或企业主管，拥有良好的沟通协调能力
	SCS03	学校老师或企业主管，能够尊重不同的意见与建议
	SCS04	学校老师或企业主管，能够信任我，适当授权
	SCS05	学校老师或企业主管，以身作则，是一个良好的工作典范
同事创新支持	CCS01	我的工作伙伴和团队成员（学校老师、企业人员或同学）有良好的共识
	CCS02	我的工作伙伴和团队成员（学校老师、企业人员或同学）有一致的目标
	CCS03	我的工作伙伴和团队成员（学校老师、企业人员或同学）能够相互支持与协助
	CCS04	我的工作伙伴和团队成员（学校老师、企业人员或同学）能够多方讨论、交换心得
	CCS05	我的工作伙伴和团队成员（学校老师、企业人员或同学）能以沟通协调来化解问题和冲突
创新型人才创造力		
创新型人才创造力	C01	参加校企合作后，我更能想到新颖又实用的方法来改善工作绩效
	C02	参加校企合作后，我更能够主动寻找新的工作方法、工作程序
	C03	参加校企合作后，我有更多创新的想法
	C04	参加校企合作后，我更能够把自己的新想法介绍给他人
	C05	参加校企合作后，我更能把握机会将创意用在工作上
	C06	参加校企合作后，我更能够制订计划实施自己的新想法
	C07	参加校企合作后，我经常提出新的实施工作任务的方案
	C08	参加校企合作后，我更能够用新方法解决问题
	C09	参加校企合作后，我更能够为完成工作任务提出新方法
	C10	参加校企合作后，我更能够将我的新想法付诸实施
	C11	参加校企合作后，我更能提出新方法来改善工作质量

本章小结

本章首先对预测试问卷尤其是校企合作预测试问卷改良的过程进行了说明，其次为保证问卷的信度和效度，对预测试问卷进行了小样本调查，随后根据调查数据对问卷中的四个变量分别进行了信度分析和探索性因子分析，在此基础上进一步删减和净化了量表，并在此基础上形成了最终问卷。

第六章 校企合作教育对创新型人才创造力影响变量测量与描述性统计分析

上一章确定了预测试问卷并对预测试问卷进行了小样本调查,分别对四个变量进行了信度分析和探索性因子分析,并在此基础上形成了最终问卷。本章将对所获得的样本数据进行初步分析和对部分假设进行检验。

第一节 正式样本数据的质量分析

一、数据收集

正式问卷调查集中在2017年5~6月,调研对象为广西首批整体转型的应用技术大学,分别是广西科技大学鹿山学院、百色学院、钦州学院和南宁学院,每所高校随机抽取参与过校企合作教育的115名学生填写问卷,最终共计发放460份问卷,共回收440份问卷,回收率为95.65%。问卷主要采用纸质问卷和电子问卷相结合的方式,由本人或委托该学校的科任教师采用当场发放、当场回收和限时网络填写的方式进行,以提高问卷回收率。回收后剔除无效问卷,包括有多处空白没填写的、问卷前后有矛盾的和问卷填写选项大部分一样的均不予以采用。根据 Gorsuch（1990）任务样本数量的大小应保证测量项目与受访者的比例为 1∶5 以上，最终确定有效问卷 427 份，有效率为 97.05%，测量项目与受访者比例大于 1∶5，接近 1∶8，样本量符合要求。

二、样本描述

对于接受调查的 427 名参与校企合作教育学生的背景特征，采用 SPSS22.0 中频数分布分析法来考察，包括性别、年级、参与校企合作的形式、累计参与时间、组织特征、企业规模、性质、产业类型等情况，结果如表 6-1 所示：

表 6-1　样本的人口特征和组织特征

受访者特征	数量	百分比（%）	受访者特征	数量	百分比（%）
性别			专业		
男	172	40.28	文史类	366	85.71
女	255	59.72	理科类	19	4.45
			工科类	38	8.9
			农学类	3	0.7
			医学类	1	0.23
合计	427	100	合计	427	100
年级			参与形式		
三年制大专第一年	57	13.35	到企业中毕业实习	156	36.53
三年制大专第二年	5	1.17	课程实习	82	19.2
三年制大专第三年	49	11.48	在学校内完成企业提供的项目	60	14.05
四年制本科第一年	12	2.81	校企联合授课培养	44	10.3
四年制本科第二年	27	6.32	订单班	23	5.39
四年制本科第三年	162	37.94	其他	62	14.52
四年制本科第四年	100	23.42			
非在校生	15	3.51			
合计	427	100	合计	427	100
参与校企合作时间					

续表

受访者特征	数量	百分比（%）	受访者特征	数量	百分比（%）
一个月内	203	47.54			
1~3个月	84	19.67			
4~6个月	55	12.88			
6~9个月	20	4.68			
9个月以上	65	15.22			
合计	427	100			
组织特征	数量	百分比（%）	组织特征	数量	百分比（%）
企业规模			企业性质		
100人以下	224	52.46	国有企业	109	25.53
100~500人	111	26	私营企业	215	50.35
50~1000人	37	8.67	外资企业	12	2.81
1000~2000人	21	4.92	中外合作企业	10	2.34
2000以上	34	7.96	其他	81	18.97
合计	427	100	合计	427	100
产业类型					
高科技产业	45	10.54			
制造业	60	14.05			
服务业	175	40.98			
其他	147	34.43			
合计	427	100			

1. 样本的人口特征

从表6-1中可以看出，接受调查的427名学生中，女生比例为59.72%，男生比例为40.28%。不同年级的本、专科生均参与了此次调查，四年制本科第三年级的最多，占比37.94%；其次为四年制本科第四年，占比23.42%；第三为三年制大专第三年，占比11.48%；还包括3.51%参与过校企合作教育的非在校生。在学科大类方面，文史类（包括经济管理类、教育类、管理科学工程类、中文类、外语类等）为最高比例，达到85.71%；其次工科类为8.9%。在参与形式方面，人数最多的是到企业中毕业实习，达到36.53%；课程实习为次之，达

19.2%；而其他形式也占到了 14.52%。在参与校企合作的时间方面，一个月以内的人数占到 47.54%，主要内容是参与到企业中跟着做项目；参与校企合作的时间达 1~3 个月的比例为 19.67%。

接受调查的数据样本的人口特征，基本符合应用技术大学校企合作现状，且数据内部之间也有很强的一致性。毕业实习是应用技术大学校企合作开展的主要形式，但往往由于学校没有很好地对学生毕业实习进行管理，允许学生自主选择实习单位，造成很多学生实习期过短，对所学专业认识不够到位，有离职和跳槽现象，参与实习的时间从 1~6 个月不等。所收集的样本来源于经济欠发达的广西地方高校，但参与校企合作的企业并不局限于当地，学生会到北京、上海、广州、深圳等一线发达城市或南宁、福州、长沙、杭州等省会城市实习，加上提供实习岗位的公司对实习生的培养越来越重视并加以精心指导，这无疑会进一步拓宽和增加与社会经济发展密切相关的创新型人才培养力度。

2. 样本的组织特征

在调研的样本数据中，在私营企业中的实习生占到了 50.35%，在国有企业实习的学生占 25.53%。近 52.46% 的校企合作企业规模在 100 人以下，26% 的企业规模在 100~500 人，由此可见，私营企业对实习生的需求较大，由于其规模小，体制相对比较灵活，在前一章的半结构式访谈中，企业家也表示愿意把高校作为企业发展的人力资源储备库，从而私营企业也形成了参与校企合作教育的主体。国有企业由于福利待遇较高，体制较为保守，人才获取上颇具竞争力，校企合作教育的意识和参与度相对不高。

统计实习企业所属的产业类型中，发现服务业占比为 40.98%、制造业占比为 14.05%、高科技产业占比为 10.54%、其他占比为 34.43%，这与前面的调查数据也是吻合的，因为文史类（经济管理类、教育类、管理科学工程类、中文类、外语类等）人才所占比重最大，而这些专业服务领域大多为服务业，因此，本书的调查样本具有一定的代表性。

第二节　潜变量测量

（1）潜变量1：学校校企合作行为（UCB）、企业校企合作行为（ECB）。本节从8个陈述条目来测量学校校企合作行为（UCB），即U1～U8，从10个陈述条目来测量企业校企合作行为（ECB），即E1～E8。

（2）潜变量2：组织创新鼓励（OCE）。本节从三个维度即组织创新支持（OCS）、上级创新支持（SCS）和同事创新支持（CCS）来测量组织创新鼓励（OCE）。每个维度通过5个陈述条目来进行测量，OCS1～OCS5，SCS1～SCS5，CCS1～CCS5。

（3）潜变量3：创新型人才创造力（IC）。本节从11个陈述条目，即C1～C11来测量创新型人才创造力（IC）。

一、信度分析

信度分析主要考察 CITC > 0.3 和 Cronbach α > 0.7，观察同时删除条款后 Cronbach α 系数是否会提高。对于学校校企合作行为、企业校企合作行为、组织创新鼓励和创新型人才创造力四个构念的信度检验如下：

1. 学校校企合作行为的信度检验

从表6-2可看出，学校校企合作行为几乎所有测量条目的 CITC 值均在 0.7 以上，Cronbach α 系数为 0.925，信度相当高。

2. 企业校企合作行为的信度检验

从表6-3可以看出，企业校企合作行为几乎所有测量条目的 CITC 值均在 0.7 以上，Cronbach α 系数为 0.930，信度相当高。

表6-2 学校校企合作行为量表的CITC及信度分析

测量项目	均值	标准差	CITC	删除条目后Cronbach α系数	Cronbach α
U01	3.52	1.101	0.731	0.916	
U02	3.34	1.041	0.776	0.913	
U03	3.44	1.076	0.775	0.913	
U04	3.45	1.109	0.757	0.914	α = 0.925
U05	3.47	1.079	0.720	0.917	
U06	3.32	1.098	0.760	0.914	
U07	3.78	1.088	0.748	0.915	
U08	3.85	1.114	0.696	0.919	

表6-3 企业校企合作行为量表的CITC及信度分析

测量项目	均值	标准差	CITC	删除条目后Cronbach α系数	Cronbach α
E1	3.34	1.055	0.717	0.923	
E2	3.47	1.135	0.731	0.922	
E3	3.53	1.035	0.750	0.921	
E4	3.42	1.044	0.756	0.921	
E5	3.46	1.128	0.757	0.921	α = 0.930
E6	3.38	1.110	0.711	0.923	
E7	3.50	1.008	0.685	0.925	
E8	3.66	1.039	0.707	0.923	
E9	3.67	1.024	0.722	0.923	
E10	3.59	1.057	0.717	0.923	

3. 组织创新鼓励的信度检验

组织创新鼓励分为组织创新支持、上级创新支持和同事创新支持三个维度（见表6-4），所有测量条目的CITC值均在0.7以上，Cronbach α系数为0.907、0.917和0.929信度相当高。

表6-4 组织创新鼓励量表的CITC及信度分析

测量项目	均值	标准差	CITC	删除条目后Cronbach α系数	Cronbach α
组织创新支持					
OCS01	3.84	1.035	0.752	0.889	α = 0.907
OCS02	3.56	1.001	0.767	0.886	
OCS03	3.66	1.009	0.777	0.884	
OCS04	3.75	1.035	0.755	0.889	
OCS05	3.77	1.053	0.779	0.884	
上级创新支持					
SCS01	3.75	0.966	0.799	0.895	α = 0.917
SCS02	3.80	1.015	0.783	0.898	
SCS03	3.80	0.968	0.809	0.893	
SCS04	3.65	0.997	0.762	0.903	
SCS05	3.81	0.974	0.776	0.900	
同事创新支持					
CCS01	3.81	0.950	0.802	0.914	α = 0.929
CCS02	3.73	0.965	0.758	0.923	
CCS03	3.85	0.965	0.831	0.909	
CCS04	3.81	0.984	0.824	0.910	
CCS05	3.86	0.995	0.846	0.906	

4. 创新型人才创造力的信度检验

创新型人才创造力所有测量条目的CITC值均在0.7以上（见表6-5），Cronbach α系数为0.960，信度相当高。

二、效度分析

为了保证数据质量，需通过对问卷进行效度和信度检验以确保每个量表符合适当性和充分性要求。首先进行探索性因子分析（EFA），从分析中可以得到KMO值为0.978，KMO值越接近1表示越适合做因子分析，Sig.值为0.000小于0.01，因此拒绝原假设表示变量之间存在相关关系，适合做因子分析。

表6-5 创新型人才创造力量表的 CITC 及信度分析

测量项目	均值	标准差	CITC	删除条目后 Cronbach α 系数	Cronbach α
C01	3.68	0.977	0.826	0.955	
C02	3.71	0.990	0.812	0.956	
C03	3.71	0.999	0.797	0.956	
C04	3.72	0.983	0.815	0.956	
C05	3.79	1.023	0.806	0.956	
C06	3.75	0.985	0.811	0.956	α = 0.960
C07	3.55	1.002	0.790	0.957	
C08	3.70	0.975	0.818	0.956	
C09	3.66	0.978	0.811	0.956	
C10	3.69	0.968	0.804	0.956	
C11	3.68	1.045	0.809	0.956	

1. 学校校企合作行为验证性因子分析

单因子的学校校企合作行为（UCB）模型的 SEM 结果如图6-1所示：

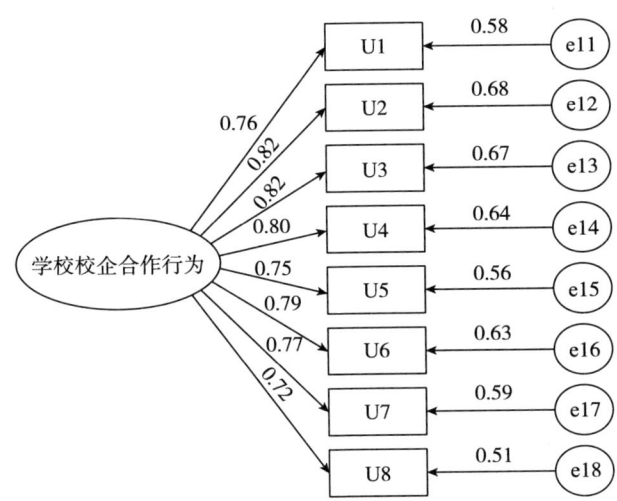

图6-1 学校校企合作行为结构方程模型拟合图

学校校企合作行为模型拟合指标如下：

表6-6 学校校企合作行为结构方程模型拟合指数

χ^2	df	χ^2/df	GFI	RMSEA	CFI	NFI	NNFI	RFI
132.4	20	6.618	0.925	0.115	0.949	0.941	0.929	0.917

表6-6的拟合指数显示,学校校企合作行为理论模型与实测数据具有较好的内在拟合效度,对量表各条目信度与平均方差抽取量进行计算(见表6-7):

表6-7 学校校企合作行为建构信度与聚会效度分析

	组合信度 Pc	平均方差抽取量(AVE)Pv
学校校企合作行为	0.93	0.61

单因子的学校校企合作行为量表,各量表的条目信度均超过规定标准,量表具有可靠的内在一致性信度,可作为进一步分析研究的依据。

2. 企业校企合作行为验证性因子分析

单因子的企业校企合作行为(ECB)模型的 SEM 结果如图6-2所示:

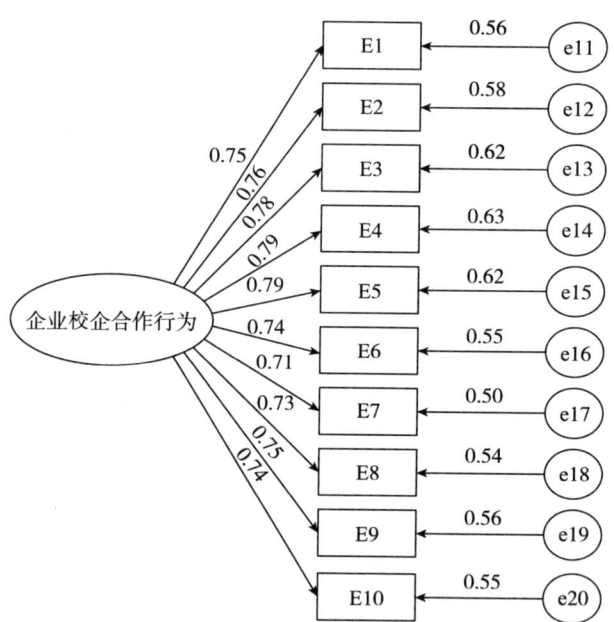

图6-2 企业校企合作行为结构方程模型拟合图

企业校企合作行为模型拟合指标如下:

表6-8 企业校企合作行为结构方程模型拟合指数

χ^2	df	χ^2/df	GFI	RMSEA	CFI	NFI	NNFI	RFI
159.2	35	4.548	0.922	0.091	0.952	0.940	0.938	0.922

第六章 校企合作教育对创新型人才创造力影响变量测量与描述性统计分析

以上表格的拟合指数显示，企业校企合作行为理论模型与实测数据具有较好的内在拟合效度，对量表各条目信度与平均方差抽取量进行计算（见表6-9）：

表6-9 企业校企合作行为建构信度与聚会效度分析

	组合信度 Pc	平均方差抽取量（AVE）Pv
企业校企合作行为	0.93	0.57

单因子的企业校企合作行为量表及条目的构建信度超过了前述规定的标准，说明量表具有可靠的内在一致性信度，可作为进一步分析研究的依据。

3. 组织创新鼓励验证性因子分析

组织创新鼓励模型（OCE），分为组织创新支持（OCS）、上级创新支持（SCS）和同事创新支持（CCS）三个维度的 SEM 结果如图6-3所示：

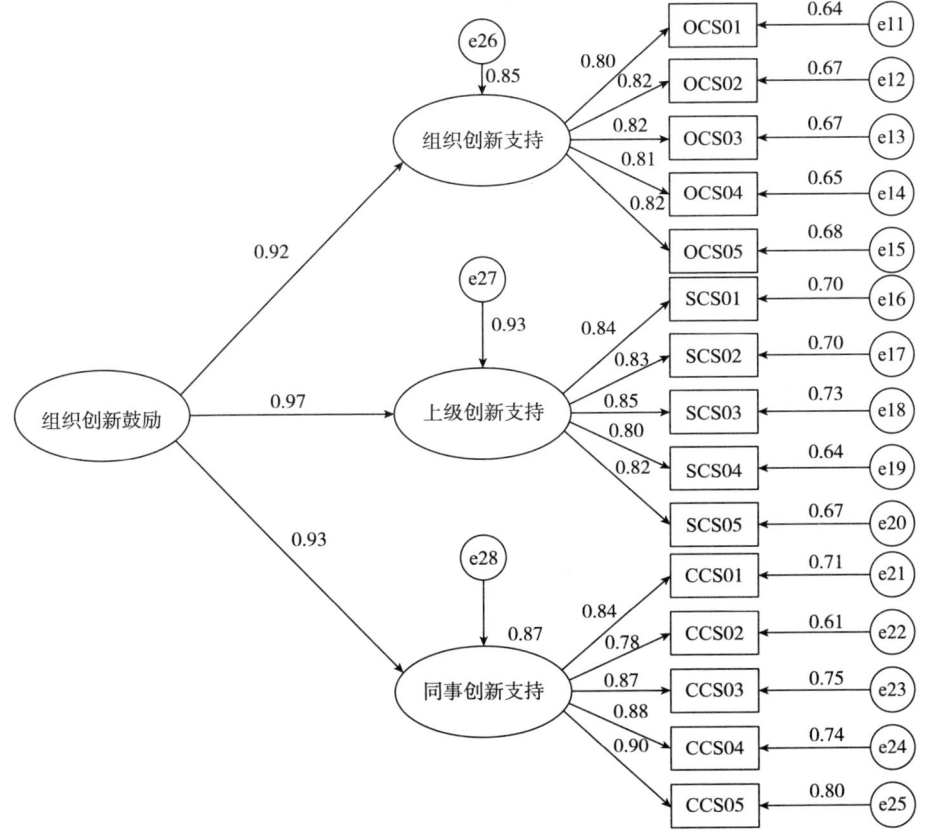

图6-3 三因子组织创新鼓励结构方程模型拟合

组织创新鼓励模型拟合指标如表 6-10 所示：

表 6-10　三因子组织创新鼓励结构方程模型拟合指数

χ^2	df	χ^2/df	GFI	RMSEA	CFI	NFI	NNFI	RFI
159.56	87	1.834	0.952	0.044	0.987	0.971	0.984	0.965

表 6-10 的拟合指数显示，组织创新鼓励的 RMSEA 等拟合指标非常理想，对三个分量表各条目信度与平均方差抽取量进行计算（见表 6-11）：

表 6-11　企业校企合作行为建构信度与聚会效度分析

组织创新鼓励	组合信度 Pc	平均方差抽取量（AVE）Pv
组织创新支持	0.91	0.66
上级创新支持	0.92	0.69
同事创新支持	0.93	0.73

组织创新鼓励各个维度及其条目的建构信度与平均方差抽取量都超过了规定的标准，说明三因子的组织创新鼓励量表具有可靠的内在一致性信度和聚会效度，可作为进一步分析研究的依据。

4. 创新型人才创造力验证性因子分析

单因子的创新型人才创造力（IC）模型 SEM 结果如图 6-4 所示：

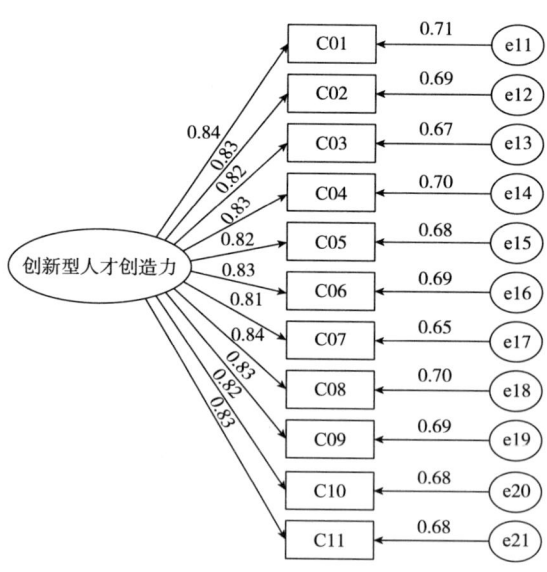

图 6-4　创新型人才创造力结构方程模型拟合图

第六章 校企合作教育对创新型人才创造力影响变量测量与描述性统计分析

创新型人才创造力模型拟合指标如下:

表 6-12 创新型人才创造力结构方程模型拟合指数

χ^2	df	χ^2/df	GFI	RMSEA	CFI	NFI	NNFI	RFI
178.185	44	4.05	0.850	0.044	0.968	0.958	0.960	0.947

以上表格的拟合指数显示,创新型人才创造力单因子理论模型与实测数据具有较好的内在拟合效度,对量表各条目信度与平均方差抽取量进行计算(见表6-13):

表 6-13 创新型人才创造力建构信度与聚会效度分析

	组合信度 Pc	平均方差抽取量(AVE)Pv
创新型人才创造力	0.96	0.68

单因子的创新型人才创造力量表及条目的构建信度超过了规定的标准,说明量表具有可靠的内在一致性信度,可作为进一步分析研究的依据。

三、内容效度检验

内容效度是指研究所需要的测量构念内涵是否在所采用的测量工具中,也被视为构念效度的重要前提(樊景立和梁建,2008)。本书在改良学校校企合作行为和企业校企合作行为量表的基础上直接选择了组织创新鼓励、创造力等相关成熟量表,先进行预调研的小样本测试。根据预测试结果对专家进行后续访谈,调整了预调查量表。正式量表具有较好的内容效度,可直接用于实证研究分析。

四、区分效度检验

通常运用 SEM 模型进行区分效度检验,通过对不同因子模型进行比较,观察不同模型的拟合指数进而判定因子结构的优劣（Fornell and Larcker, 1981）。笔者借助 SEM 模型分别构建单、双因子的竞争模型与三因子的模型，首先将所有条目都归为一个因子构建单因子模型，然后将组织创新支持和上级创新支持合为一个因子，与同事创新支持因子一起构成两因子模型，最后将组织创新支持、上级创新支持与同事创新支持组成三因子变量模型。从表 6-14 中发现，可看出三因子模型的 χ^2/df 为 1.834，RMSEA 为 0.044，拟合指数优于单因子、双因子竞争模型。因此，组织创新鼓励是一个具有三因子结构的模型。

表 6-14　组织创新鼓励不同因子结构模型拟合指数

模型	χ^2	df	χ^2/df	GFI	RMSEA	CFI	NFI	NNFI	RFI
三因子模型	159.56	87	1.834	0.952	0.044	0.987	0.971	0.984	0.965
双因子模型	857.300	90	9.526	0.833	0.141	0.859	0.845	0.835	0.82
单因子模型	477.796	90	5.309	0.841	0.101	0.929	0.914	0.917	0.899

第三节　样本的描述性统计分析

为描述样本基本特征，本书利用 SPSS22.0 统计软件对 427 份有效问卷的数据进行基本的描述统计方法，揭示调查对象所参与的校企合作行为、组织创新鼓励和创新型人才创造力的基本情况。

一、学校、企业校企合作行为描述性统计分析

在参与问卷调查的 427 名学生中，学校校企合作行为与企业校企合作行为测量结果较高（见表 6-15 和表 6-16），学校校企合作行为的均值为 3.52，略高于企业校企合作行为的均值 3.50。因此，接受调查的 427 名参与校企合作的学生

的学校校企合作行为与企业校企合作行为情况较为理想,这也说明了,学生对"学校安排专门的老师指导我们实习"这一项要求更高,平均值为 3.85。

表 6-15 学校校企合作行为的描述性统计分析

代码	测量题项	平均值	均值标准误差	标准差
U01	学校优先为我所在的企业推荐毕业生	3.52	0.053	1.101
U02	学校帮助我所在的企业解决技术工艺问题	3.34	0.050	1.041
U03	学校为我所在的企业提供员工培训服务	3.44	0.052	1.076
U04	学校为我所在的企业提供教学案例并为其制定发展战略	3.45	0.054	1.109
U05	学校为按照我所在的企业的需求培养订单式人才	3.47	0.052	1.079
U06	学校为我所在的企业提供新的生产经营理念	3.32	0.053	1.098
U07	学校课程中的教学(实训)内容来自企业真实案例	3.78	0.053	1.088
U08	学校安排专门的老师指导我们实习	3.85	0.054	1.114
	学校校企合作的总体平均水平	3.52125	0.052625	1.08825

表 6-16 企业校企合作行为的描述性统计分析

代码	测量题项	平均值	均值标准误差	标准差
E01	我所在的企业参与了学校的课程建设	3.34	0.051	1.055
E02	我所在的企业为学校提供实训设备	3.47	0.055	1.135
E03	我所在的企业善于总结在生产过程中的实践经验或案例并放到学校的教学中	3.53	0.050	1.035
E04	我所在的企业为学校提供新的教学理念	3.42	0.051	1.044
E05	我所在企业的专家在学校担任兼职教师或开讲座	3.46	0.055	1.128
E06	我所在企业有专家到学校为学生做职业生涯规划	3.38	0.054	1.110
E07	我所在的企业安排的导师水平很高	3.50	0.049	1.008
E08	我所在的企业希望把该企业用人需求类型定制到学校的整个人才培养过程中	3.66	0.050	1.039
E09	我所在的企业不断更新我的创新理念以便跟上企业发展的步伐	3.67	0.050	1.024
E10	我所在的企业能为学校带来很多新的资源	3.59	0.051	1.057
	企业校企合作的总体平均水平	3.502	0.0516	1.0635

二、组织创新鼓励描述性统计分析

对组织创新鼓励分别进行了整体、分维度描述性统计分析,如表 6-17 所示的数据显示:接受调查的 427 名学生的组织创新鼓励较高,均值为 3.763。各题项分值间波动范围在 3.56~3.86,差距非常小。学生对同事创新支持要求更高,均值为 3.813;上级创新支持的均值为 3.761,略高于组织创新支持 3.72。统计发现,实习生的同事创新支持情况较为理想,这也说明了,学生到企业里实习,更多的是与同学和同事进行交流,彼此之间相互支持与协助,通过沟通协调来解决实际问题。

表 6-17 组织创新鼓励的描述性统计分析

	测量题项	平均值	均值标准误差	标准差
OCS01	学校或校方合作企业,重视人力资源,鼓励创新思考	3.84	0.050	1.035
OCS02	学校或校方合作企业,上下级意见交流沟通顺畅	3.56	0.048	1.001
OCS03	学校或校方合作企业,能够提供条件以鼓励产生创新的构想	3.66	0.049	1.009
OCS04	学校或校方合作企业,鼓励尝试和从错误中学习	3.75	0.050	1.035
OCS05	学校或校方合作企业,崇尚自由开放与创新变革	3.77	0.051	1.053
SCS01	学校老师或企业主管,能够尊重和支持我在工作上的创意	3.75	0.047	0.966
SCS02	学校老师或企业主管,拥有良好的沟通协调能力	3.80	0.049	1.015
SCS03	学校老师或企业主管,能够尊重不同的意见与建议	3.80	0.047	0.968
SCS04	学校老师或企业主管,能够信任我,适当授权	3.65	0.048	0.997
SCS05	学校老师或企业主管,以身作则,是一个良好的工作典范	3.81	0.047	0.974
CCS01	我的工作伙伴和团队成员(学校老师、企业人员或同学)有良好的共识	3.81	0.046	0.950
CCS02	我的工作伙伴和团队成员(学校老师、企业人员或同学)有一致的目标	3.73	0.047	0.965
CCS03	我的工作伙伴和团队成员(学校老师、企业人员或同学)能够相互支持与协助	3.85	0.047	0.965

续表

代码	测量题项	平均值	均值标准误差	标准差
CCS04	我的工作伙伴和团队成员（学校老师、企业人员或同学）能够多方讨论、交换心得	3.81	0.048	0.984
CCS05	我的工作伙伴和团队成员（学校老师、企业人员或同学）能以沟通协调来化解问题和冲突	3.86	0.048	0.995
	组织创新支持的平均水平	3.72	0.050	1.027
	上级创新支持的平均水平	3.761	0.048	0.984
	同事创新支持的平均水平	3.813	0.047	0.972
	组织创新鼓励总体的平均水平	3.763	0.048	0.994

三、创新型人才创造力描述性统计分析

如表 6-18 所示，学生普遍认为，参与校企合作后个人创造力水平有较大提高，总体均值为 5.131。从测量项目分布来看分值之间差别不大，在 3.55~3.79。学生在"参加校企合作后，我更能把握机会将创意用在工作上"方面的分值最高，在"我经常提出新的实施工作任务的方案"方面分值最低。这也说明了校企合作中作为学生的身份，是否敢于提出新的想法或建言，以及个人的角色定位，学生仅在实践应用和技术操作层面学习得更多，而在管理和组织层面难以涉及。

表 6-18 创新型人才创造力的描述性统计分析

代码	测量题项	平均值	均值标准误差	标准差
C01	参加校企合作后，我更能想到新颖又实用的方法来改善工作绩效	3.68	0.047	0.977
C02	参加校企合作后，我更能够主动寻找新的工作方法、工作程序	3.71	0.048	0.990
C03	参加校企合作后，我有更多创新的想法	3.71	0.048	0.999
C04	参加校企合作后，我更能够把自己的新想法介绍给别人	3.72	0.048	0.983
C05	参加校企合作后，我更能把握机会将创意用在工作上	3.79	0.050	1.023
C06	参加校企合作后，我更能够制订计划实施自己的新想法	3.75	0.048	0.985

续表

代码	测量题项	平均值	均值标准误差	标准差
C07	参加校企合作后,我经常提出新的实施工作任务的方案	3.55	0.048	1.002
C08	参加校企合作后,我更能够用新方法解决问题	3.70	0.047	0.975
C09	参加校企合作后,我更能够为完成工作任务提出新方法	3.66	0.047	0.978
C10	参加校企合作后,我更能够将我的新想法付诸实施	3.69	0.047	0.968
C11	参加校企合作后,我更能提出新方法来改善工作质量	3.68	0.051	1.045
	创新型人才创造力总体平均水平	3.70	0.048	0.993

本章小结

本章对样本数据的质量进行了分析,对潜变量进行测量,对样本信息进行描述性统计分析,论述了学校校企合作行为、企业校企合作行为、组织创新鼓励和创新型人才创造力的基本情况,为下一步分析打下良好基础。

第七章　校企合作教育对创新型人才创造力影响相关分析与共线性检验

前面章节通过效度和信度分析评估正式调查问卷的质量,对样本信息进行描述性统计分析,本章接着分析学校校企合作行为、企业校企合作行为、组织创新鼓励和创新型人才创造力相关关系以及进行共线性检验。

第一节　校企合作行为、组织创新鼓励与创造力的相关分析

一、同一变量不同维度之间的相关性

组织创新支持、上级创新支持和同事创新支持三者之间具有显著相关关系,相关系数为 0.81、0.788 和 0.832（$p<0.01$）。

二、不同变量各个维度之间的相关性

学校校企合作行为与企业校企合作行为两者具有显著相关关系,相关系数为

0.762（p<0.01）。学校校企合作行为与组织创新支持、上级创新支持和同事创新支持之间具有显著相关关系，相关系数为0.750、0.712、0.692、0.731（p<0.01）。

企业校企合作行为与组织创新支持、上级创新支持和同事创新支持之间具有显著相关关系，相关系数为0.796、0.740、0.723、0.742（p<0.01）。

学校校企合作行为和企业校企合作行为的两个维度与创新型人才创造力之间均显著正相关，相关系数分别为学校校企合作行为（0.731**）和企业校企合作行为（0.742**）；组织创新支持、上级创新支持和同事创新支持的三个维度与创新型人才创造力之间具有显著相关关系，相关系数分别为组织创新支持（0.798**）、上级创新支持（0.782**）和同事创新支持（0.770**）。

综上所述，不同变量不同维度之间相关程度最高的是"同事创新支持与上级创新支持"（0.832**），最低的是"学校校企合作行为与同事创新支持"（0.692**），所收集的问卷各个变量与各维度之间都具有较强的相关性。因此，假设1、假设2以及假设3a、假设3b、假设3c和假设4a、假设4b、假设4c得到初步支持。

表7-1 变量维度之间PEARSON相关系数

	均值	标准差	UCB	ECB	OCS	SCS	CCS	IC
学校校企合作行为	3.52	1.09	1					
企业校企合作行为	3.5	1.06	0.762**	1				
组织创新支持	3.72	1.03	0.750**	0.796**	1			
上级创新支持	3.76	0.98	0.712**	0.740**	0.810**	1		
同事创新支持	3.81	0.97	0.692**	0.723**	0.788**	0.832**	1	
创新型人才创造力	3.70	0.99	0.731**	0.742**	0.798**	0.782**	0.770**	1

注：**表示相关性在0.01显著性上显著（双尾）。

第二节 共线性检验

一、自变量对中介变量的影响分析

为深入分析校企合作教育、组织创新鼓励与创新型人才创造力之间的关系，

第七章 校企合作教育对创新型人才创造力影响相关分析与共线性检验

本章构造 SEM 模型,通过模型拟合系数和路径系数判断变量间的影响关系,并运用标准的 OLS 回归分析对 SEM 模型进行检验。

在运用 OLS 回归分析中,首先将调查对象的"年级""性别"、参与校企合作教育的"形式""时间"对中介变量组织创新鼓励进行回归,接着加入自变量"学校校企合作行为"和"企业校企合作行为"进行回归观测结果,本章采用 SPSS22.0 软件进行回归分析。

1. 校企合作教育对组织创新支持的影响

为明确校企合作教育对组织创新支持的具体影响,我们构造了校企合作教育的分维度对组织创新支持 SEM 模型,并得到如下结果,如图 7-1 所示。

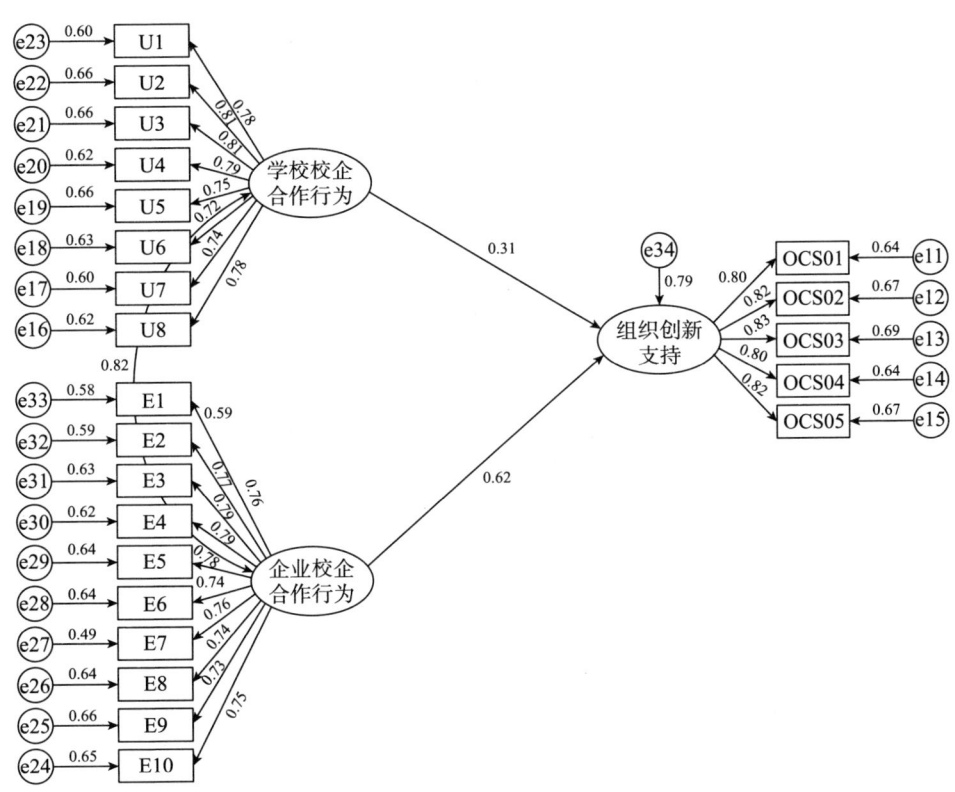

图 7-1 校企合作教育对组织创新支持的影响

如表7-2所示：RMSEA=0.066，达到建议值，CFI、NFI、NNFI以及RFI都在0.9以上，所拟合的模型可以接受。

表7-2　学校校企合作行为、企业校企合作行为对组织创新支持的影响分析

	变量关系		标准化路径系数	t值
OCS	<---	UCB	0.317***	4.953
OCS	<---	ECB	0.653***	8.956

模型拟合指标值：GFI=0.882，RMSEA=0.066，CFI=0.942，NFI=0.913，NNFI=0.935，RFI=0.903。

注：t值大于1.96时，$p<0.05$，用*表示；大于2.58时，$p<0.01$，用**表示；大于3.29时，$p<0.001$，用***表示。

校企合作教育对组织创新支持的影响程度不尽相同，学校校企合作行为和企业校企合作行为都在0.001水平上显著，表明学校、企业校企合作行为对组织创新支持有积极的正向影响。

为检验SEM模型结果的稳健性，将采用OLS回归分析对上述模型进行再检验。具体的检验结果如表7-3所示：

表7-3　学校校企合作行为、企业校企合作行为对组织创新支持回归分析

	模型1a		模型2a	
	标准化回归系数	Sig.	标准化回归系数	Sig.
常量		0.000		0.000
形式	-0.141**	0.004	-0.068*	0.015
性别	-0.003	0.948	0.025	0.358
时间	0.105*	0.039	-0.037	0.214
年级	-0.107*	0.039	-0.012	0.681
学校校企合作行为			0.350***	0.000
企业校企合作行为			0.528***	0.000
Durbin-waston	1.760		2.132	
F	5.173***	0.000b	154.449***	0.000b
R^2	0.047		0.688	
ΔR^2	0.038		0.684	

注：*表示$p<0.05$双边检验；**表示$p<0.01$双边检验；***表示$p<0.001$双边检验。

在模型 1a 中，学生参与校企合作的时间在 $p<0.001$ 和 $p<0.01$ 的水平上达到显著，意味着学生累计参与校企合作的时间上调一个档次，组织创新支持提高 0.105，模型的调整后判定系数为 0.038，即这两个因素对组织创新支持的解释力仅为 3.8%。

在模型 2a 中，回归方程加入了自变量之后，学校校企合作行为（0.350***）和企业校企合作行为（0.528***）均在 $p<0.001$ 的水平上达到显著，这意味着学校校企合作行为每上升一个档次，组织创新支持就提高 0.350，而企业的校企合作行为每提高一个档次，组织创新支持就提高 0.528。而除累计参与校企合作时间在 0.105* 的水平上对组织创新支持显著影响外，其余个人背景变量对组织创新支持没有显著或产生负影响。学校校企合作行为和企业校企合作行为对组织创新支持的解释力达到 68.4% 的水平。

2. 校企合作教育对上级创新支持的影响

为明确校企合作教育对上级创新支持的具体影响，笔者构造了校企合作教育的分维度对上级创新支持 SEM 模型（见图 7-2）。

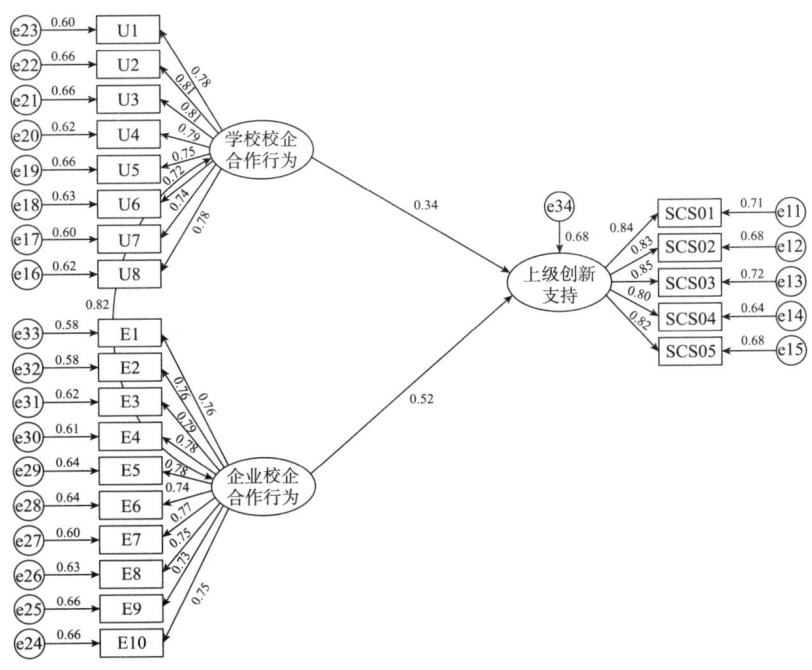

图 7-2　学校校企合作行为、企业校企合作行为对上级创新支持的影响

如表 7-4 所示：RMSEA = 0.059，达到建议值，CFI、NFI、NNFI 以及 RFI 都在 0.9 以上，所拟合的模型可以接受。

表 7-4　学校校企合作行为、企业校企合作行为对上级创新支持的影响分析

变量关系			标准化路径系数	t 值
SCS	<---	UCB	0.344***	4.920
SCS	<---	ECB	0.538***	7.252

模型拟合指标值：GFI = 0.892，RMSEA = 0.059，CFI = 0.953，NFI = 0.924，NNFI = 0.948，RFI = 0.915

注：t 值大于 1.96 时，p < 0.05，用 * 表示；t 值大于 2.58 时，p < 0.01，用 ** 表示；t 值大于 3.29 时，p < 0.001，用 *** 表示。

校企合作教育对上级创新支持的影响程度不尽相同，学校校企合作行为和企业校企合作行为都在 0.001 水平上显著，表明学校、企业校企合作行为对组织创新支持有积极的正向影响。

为检验 SEM 模型结果的稳健性，采用 OLS 回归分析对上述模型进行再检验。具体的检验结果如表 7-5 所示：

表 7-5　学校校企合作行为、企业校企合作行为对上级创新支持回归分析

	模型 3a		模型 4a	
	标准化回归系数	Sig.	标准化回归系数	Sig.
常量		0.000		0.000
形式	-0.111	0.023	-0.043	0.171
性别	-0.034	0.487	-0.006	0.846
时间	0.045	0.383	-0.092	0.006
年级	-0.119	0.023	-0.028	0.400
学校校企合作行为			0.368***	0.000
企业校企合作行为			0.469***	0.000
Durbin-waston	1.747		1.872	

续表

	模型 3a		模型 4a	
	标准化回归系数	Sig.	标准化回归系数	Sig.
F	3.087**	0.016b	108.868***	0.000b
R^2	0.028		0.609	
ΔR^2	0.019		0.603	

注：*表示 $p<0.05$ 双边检验；**表示 $p<0.01$ 双边检验；***表示 $p<0.001$ 双边检验。

标准回归分析与结构方程模型分析研究结论基本一致，学校校企合作行为和企业校企合作行为都显著正向影响上级创新支持（分别是 0.368，0.469，$p<0.001$）。

3. 校企合作教育对同事创新支持的影响

为明确校企合作教育对同事创新支持的具体影响，我们构造了校企合作教育的分维度对上级创新支持 SEM 模型，并得到以下结果，如图 7-3 所示。

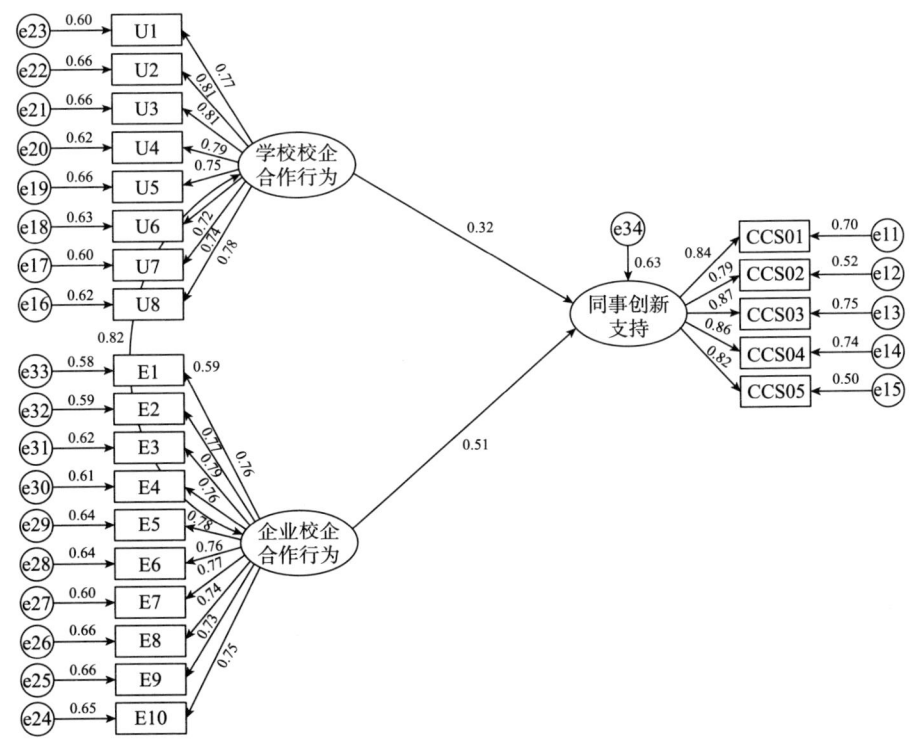

图 7-3 学校校企合作行为、企业校企合作行为对同事创新支持的影响

如表 7-6 所示：RMSEA = 0.059，达到建议值，CFI、NFI、NNFI 以及 RFI 都在 0.9 以上，所拟合的模型可以接受。

表 7-6 学校校企合作行为、企业校企合作行为对同事创新支持的影响分析

变量关系			标准化路径系数	t 值
CCS	<---	UCB	0.317***	4.547
CCS	<---	ECB	0.517***	6.930

模型拟合指标值：GFI = 0.890，RMSEA = 0.059，CFI = 0.953，NFI = 0.925，NNFI = 0.948，RFI = 0.916

注：t 值大于 1.96 时，p < 0.05，用 * 表示；t 值大于 2.58 时，p < 0.01，用 ** 表示；t 值大于 3.29 时，p < 0.001，用 *** 表示。

校企合作教育对同事创新支持的影响程度不尽相同，学校校企合作行为和企业校企合作行为都在 0.001 水平上显著，表明学校、企业校企合作行为对同事创新支持有积极的正向影响。

为检验 SEM 模型结果的稳健性，采用 OLS 回归分析对上述模型进行再检验。具体的检验结果如表 7-7 所示：

表 7-7 学校校企合作行为、企业校企合作行为对同事创新支持回归分析

	模型 5a		模型 6a	
	标准化回归系数	Sig.	标准化回归系数	Sig.
常量		0.000		0.000
形式	-0.128**	0.008	-0.063	0.055
性别	-0.002	0.972	0.025	0.444
时间	0.106	0.037	-0.024	0.490
年级	-0.109	0.035	-0.023	0.513
学校校企合作行为			0.342***	0.000
企业校企合作行为			0.458***	0.000
Durbin-waston	1.681		1.780	

续表

	模型 5a		模型 6a	
	标准化回归系数	Sig.	标准化回归系数	Sig.
F	4.923**	0.001b	94.611**	0.000b
R^2	0.045		0.575	
ΔR^2	0.036		0.569	

注：* 表示 $p < 0.05$ 双边检验；** 表示 $p < 0.01$ 双边检验；*** 表示 $p < 0.001$ 双边检验。

标准回归分析与结构方程模型分析研究结论基本一致，学校校企合作行为和企业校企合作行为都显著正向影响同事创新支持（分别是 0.342，0.458，$p < 0.001$）。

4. 学校校企合作行为、企业校企合作行为对组织创新鼓励的影响

为明确校企合作教育对同事创新鼓励的具体影响，我们构造了校企合作教育的分维度对组织创新鼓励 SEM 模型（见图 7-4）：

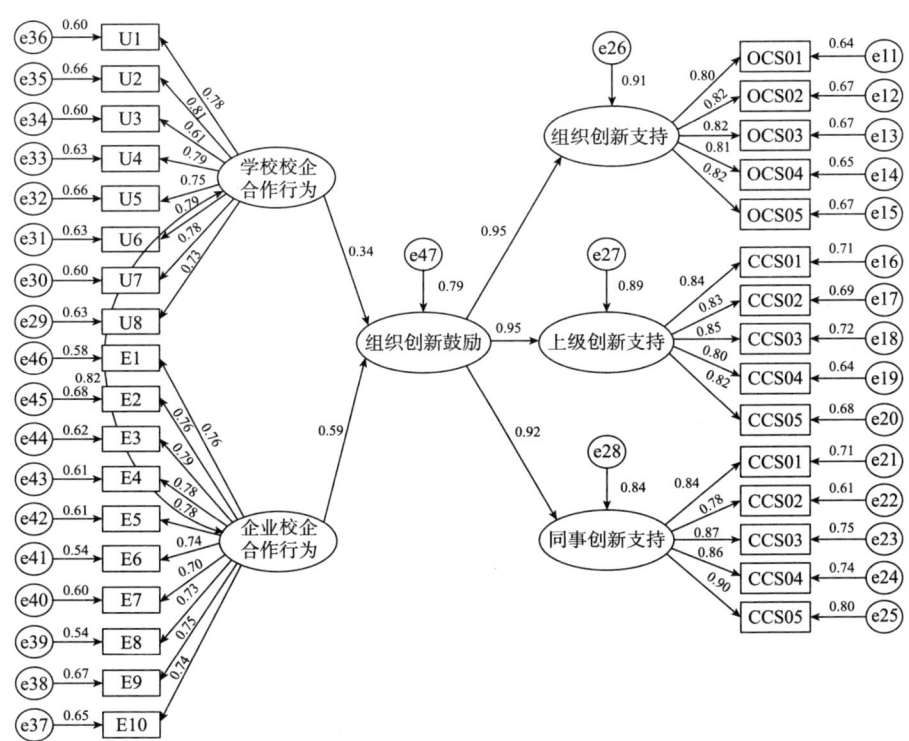

图 7-4 学校校企合作行为、企业校企合作行为对组织创新鼓励的影响

如表 7-8 所示: RMSEA = 0.051,达到建议值,CFI、NFI、NNFI 以及 RFI 都在 0.9 以上,所拟合的模型可接受。

表 7-8 学校校企合作行为、企业校企合作行为对组织创新鼓励的影响分析

变量关系			标准化路径系数	t 值
OCE	<---	UCB	0.335***	5.717
OCE	<---	ECB	0.588***	8.754

模型拟合指标值: GFI = 0.868, RMSEA = 0.051, CFI = 0.951, NFI = 0.912, NNFI = 0.951, RFI = 0.905

注: t 值大于 1.96 时, p < 0.05, 用 * 表示; t 值大于 2.58 时, p < 0.01, 用 ** 表示; t 值大于 3.29 时, p < 0.001, 用 *** 表示。

校企合作教育对组织创新鼓励的影响程度不尽相同,学校校企合作行为和企业校企合作行为都在 0.001 水平上显著,表明学校、企业校企合作行为对组织创新鼓励有积极的正向影响,而企业校企合作行为对组织创新鼓励的影响程度强于学校校企合作行为对同事创新支持的影响,因此,假设 3、假设 4 得到了支持性验证。

为检验 SEM 模型结果的稳健性,采用 OLS 回归分析对上述模型进行再检验。具体的检验结果如表 7-9 所示:

表 7-9 学校校企合作行为、企业校企合作行为对组织创新鼓励回归分析

	模型 7a		模型 8a	
	标准化回归系数	Sig.	标准化回归系数	Sig.
常量		0.000		0.000
形式	-0.147**	0.003	-0.057	0.033
性别	-0.012	0.808	0.015	0.572
时间	-0.064	0.183	0.012	0.652
年级	-0.148	0.002	-0.005	0.841
学校校企合作行为			0.371***	0.000
企业校企合作行为			0.518***	0.000

续表

	模型 7a		模型 8a	
	标准化回归系数	Sig.	标准化回归系数	Sig.
Durbin – waston	1.698		1.923	
F	4.520**	0.001b	171.451**	0.000b
R^2	0.041		0.710	
ΔR^2	0.032		0.706	

注：*表示 $p<0.05$ 双边检验；**表示 $p<0.01$ 双边检验；***表示 $p<0.001$ 双边检验。

标准回归分析与结构方程模型分析研究结论基本一致，学校校企合作行为和企业校企合作行为都显著正向影响组织创新鼓励（分别是 0.371，0.518，$p<0.001$）。

二、中介变量对因变量的影响分析

以下接着探讨中介变量组织创新鼓励（组织创新支持、上级创新支持和同事创新支持）对因变量创新型人才创造力的影响。

1. 组织创支持对创新型人才创造力的影响

为明确组织创新鼓励对创新型人才创造力的具体影响，我们构造了组织创新支持、上级创新支持和同事创新支持对创新型人才创造力三个 SEM 模型，并得到以下结果，如图 7-5 所示。

如表 7-10 所示：RMSEA = 0.069，达到建议值，CFI、NFI、NNFI 以及 RFI 都在 0.9 以上，所拟合的模型可以接受。

组织创新支持对创新型人才创造力的影响程度不尽相同，组织创新支持在 0.001 水平上显著，表明组织创新支持对创新型人才创造力有积极的正向影响，因此，假设 5a 得到了支持性验证。

为检验 SEM 模型结果的稳健性，采用 OLS 回归分析对上述模型进行再检验。具体的检验如下，标准回归分析与结构方程模型分析研究结论基本一致，组织创新支持显著正向影响创新型人才创造力（为 0.792，$p<0.001$）。

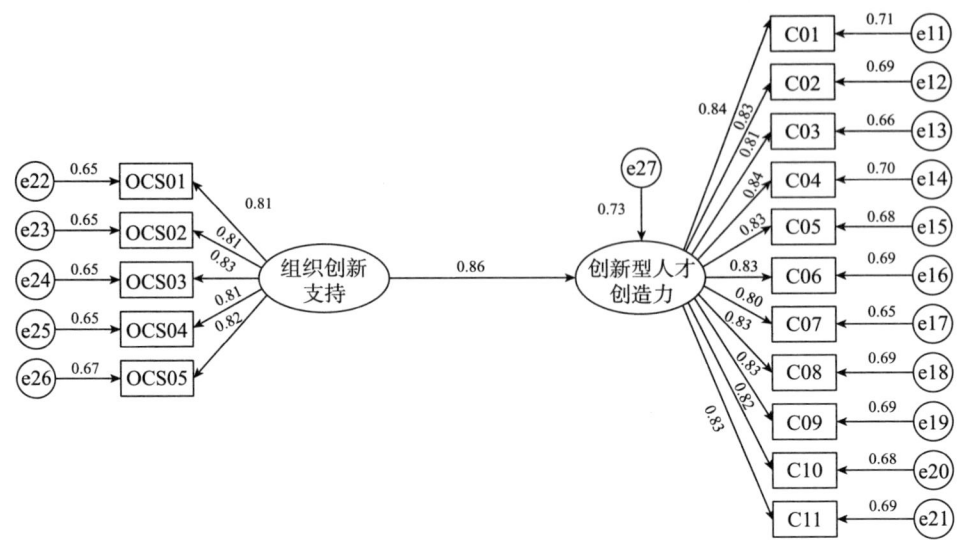

图 7-5　组织创新支持对创新型人才创造力的影响

表 7-10　组织创新支持对创新型人才创造力的影响分析

变量关系			标准化路径系数	t 值
IC	<---	OCS	0.855***	17.239

模型拟合指标值：GFI = 0.919，RMSEA = 0.069，CFI = 0.965，NFI = 0.949，NNFI = 0.959，RFI = 0.940

注：t 值大于 1.96 时，表示 $p<0.05$，用 * 表示；大于 2.58 时，表示 $p<0.01$，用 ** 表示；大于 3.29 时，表示 $p<0.001$，用 *** 表示。

表 7-11　组织创新支持对创新型人才创造力回归分析

	模型 1b		模型 2b	
	标准化回归系数	Sig.	标准化回归系数	Sig.
常量		0.000		0.000
形式	-0.134	0.006	-0.022	0.457
性别	-0.004	0.934	-0.001	0.960
时间	0.143	0.005	0.060	0.057

续表

	模型 1b		模型 2b	
	标准化回归系数	Sig.	标准化回归系数	Sig.
年级	-0.040	0.440	0.045	0.160
组织创新支持			0.792***	0.000
Durbin-waston	1.680		1.899	
F	4.832**	0.001b	150.871**	0.000b
R^2	0.044		0.642	
ΔR^2	0.035		0.638	

注：*表示 $p<0.05$ 双边检验；**表示 $p<0.01$ 双边检验；***表示 $p<0.001$ 双边检验。

2. 上级创新支持和同事创新支持对创新型人才创造力的影响

同理，接着分析上级创新支持对创新型人才创造力的影响，如图 7-6 所示：

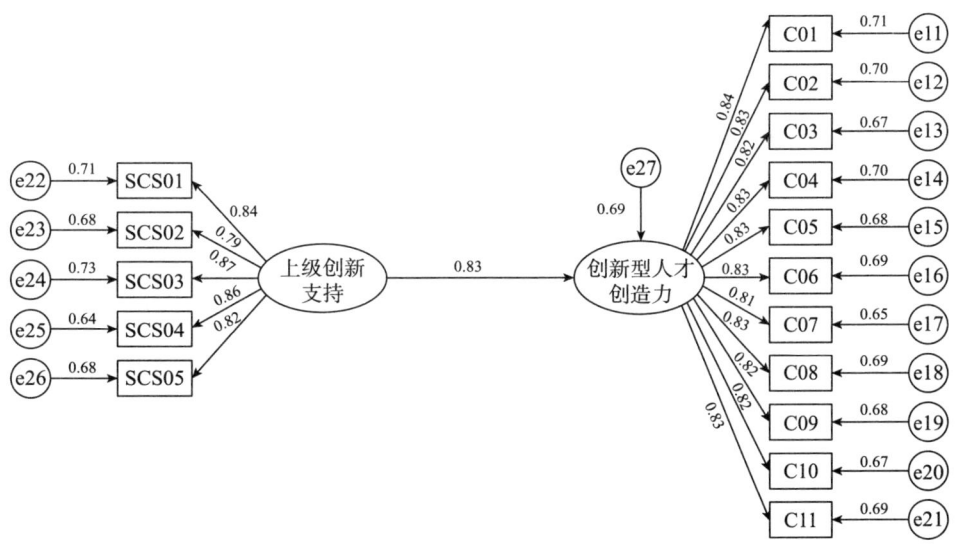

图 7-6 上级创新支持对创新型人才创造力的影响

如表 7-12 所示：RMSEA = 0.066，达到建议值，CFI、NFI、NNFI 以及 RFI

都在 0.9 以上，所拟合的模型可以接受。

表 7-12 上级创新支持对创新型人才创造力的影响分析

变量关系			标准化路径系数	t 值
IC	<---	SCS	0.833***	17.187

模型拟合指标值：GFI = 0.922，RMSEA = 0.066，CFI = 0.969，NFI = 0.953，NNFI = 0.964，RFI = 0.945

注：t 值大于 1.96 时，$p<0.05$，用 * 表示；t 值大于 2.58 时，$p<0.01$，用 ** 表示；t 值大于 3.29 时，$p<0.001$，用 *** 表示。

同事创新支持对创新型人才创造力的影响，如图 7-7 所示：

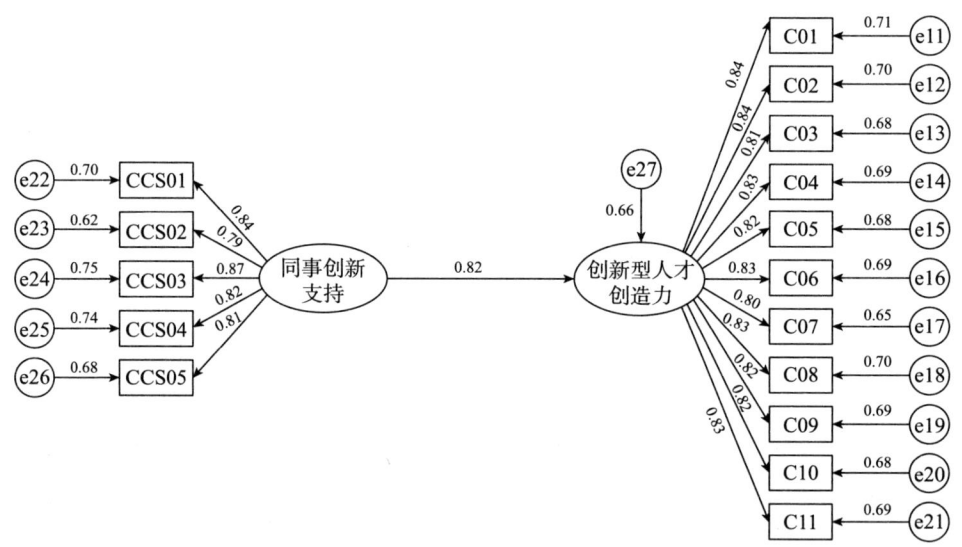

图 7-7 同事创新支持对创新型人才创造力的影响

如表 7-13 所示：RMSEA = 0.067，达到建议值，CFI、NFI、NNFI 以及 RFI 都在 0.9 以上，所拟合的模型可以接受。

第七章 校企合作教育对创新型人才创造力影响相关分析与共线性检验

表7-13 同事创新支持对创新型人才创造力的影响分析

	变量关系		标准化路径系数	t值
IC	<---	CCS	0.815***	18.376

模型拟合指标值：GFI=0.921，RMSEA=0.067，CFI=0.969，NFI=0.953，NNFI=0.963，RFI=0.945

注：t值大于1.96时，$p<0.05$，用*表示；t值大于2.58时，$p<0.01$，用**表示；t值大于3.29时，$p<0.001$，用***表示。

同事创新支持、上级创新支持对创新型人才创造力的影响程度不尽相同，上级创新支持在0.001水平上显著，表明上级创新支持对创新型人才创造力有积极的正向影响，因此，假设5b得到了支持性验证。同事创新支持在0.001水平上显著，表明同事创新支持对创新型人才创造力有积极的正向影响，因此，假设5c得到了支持性验证。

为检验SEM模型结果的稳健性，采用OLS回归分析对上述模型进行再检验。具体的检验如表7-14所示：

表7-14 上级创新支持、同事创新支持对创新型人才创造力回归分析

	模型3b		模型4b	
	标准化回归系数	Sig.	标准化回归系数	Sig.
常量		0.002		0.000
形式	-0.048	0.117	-0.036	0.253
性别	0.022	0.462	-0.003	0.932
时间	0.109	0.001	0.062	0.062
年级	0.052	0.111	0.043	0.201
上级创新支持	0.774***	0.000		
同事创新支持			0.762***	0.000
Durbin-waston	1.855		1.845	
F	141.277**	0.001b	125.290***	0.000b
R^2	0.627		0.598	
ΔR^2	0.622		0.593	

注：*表示$p<0.05$双边检验；**表示$p<0.01$双边检验；***表示$p<0.001$双边检验。

标准回归分析与结构方程模型分析研究结论基本一致，模型 3b 上级创新支持、模型 4b 同事创新支持显著正向影响创新型人才创造力（分别是 0.774, 0.762，p<0.001）。

3. 组织创新鼓励对创新型人才创造力的影响

第三步把组织创新鼓励中组织创新支持、上级创新支持和同事创新支持三个维度同时对创新型人才创造力进行分析，SEM 模型得到以下结果，如图 7-8 所示：

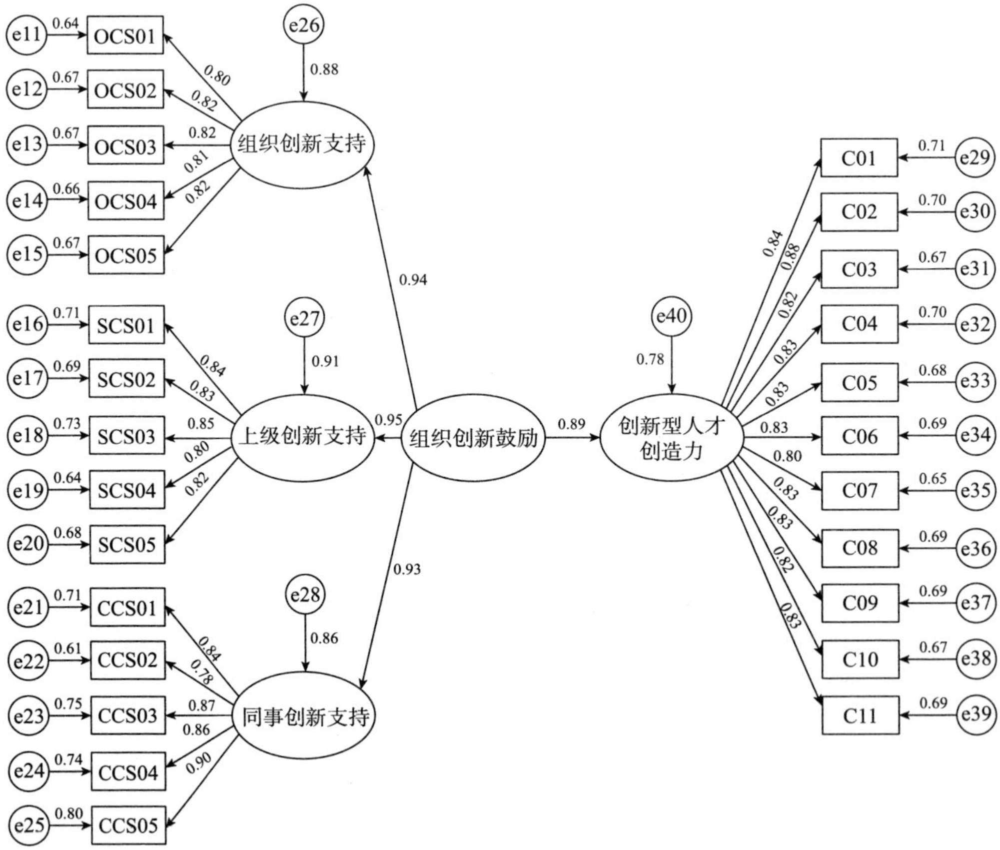

图 7-8　组织创新鼓励对创新型人才创造力的影响图

RMSEA = 0.055，达到建议值，CFI、NFI、NNFI 以及 RFI 都在 0.9 以上，所拟合的模型可以接受。

表 7-15 组织创新鼓励对创新型人才创造力的影响分析

变量关系			标准化路径系数	t 值
IC	<---	OCE	0.938***	16.791

模型拟合指标值：GFI = 0.894，RMSEA = 0.055，CFI = 0.963，NFI = 0.937，NNFI = 0.960，RFI = 0.930

注：t 值大于 1.96 时，p < 0.05，用 * 表示；大于 2.58 时，p < 0.01，用 ** 表示；大于 3.29 时，p < 0.001，用 *** 表示。

组织创新支持对创新型人才创造力的影响程度不尽相同，组织创新支持系数为 0.938***，在 0.001 水平上显著，表明组织创新鼓励对创新型人才创造力有积极的正向影响，因此，假设 5 得到了支持性验证。

为检验 SEM 模型结果的稳健性，采用 OLS 回归分析对上述模型进行再检验。具体的检验如下：

表 7-16 组织创新鼓励对创新型人才创造力回归分析

	模型 5b		模型 6b	
	标准化回归系数	Sig.	标准化回归系数	Sig.
常量		0.158		0.180
形式	-0.019	0.480	-0.021	0.445
性别	0.007	0.794	0.007	0.780
时间	0.065	0.021	0.067	0.018
年级	0.059	0.039	0.060	0.038
组织创新支持	0.390***	0.000		
上级创新支持	0.275***	0.000		
同事创新支持	0.229***	0.000		
组织创新鼓励			0.834***	0.000

续表

	模型 5b		模型 6b	
	标准化回归系数	Sig.	标准化回归系数	Sig.
Durbin – waston	1.913		1.904	
F	147.855**	0.001b	205.274	0.000b
R^2	0.712		0.709	
ΔR^2	0.707		0.706	

注：*表示 $p<0.05$ 双边检验；**表示 $p<0.01$ 双边检验；***表示 $p<0.001$ 双边检验。

标准回归分析与结构方程模型分析研究结论基本一致，组织创新支持、上级创新支持和同事创新支持显著正向影响创新型人才创造力（分别是 0.390、0.275、0.229，$p<0.001$），而组织创新鼓励显著正向影响创新型人才创造力（0.834，$p<0.001$）。

本章小结

本章首先分析学校校企合作行为、企业校企合作行为、组织创新鼓励和创新型人才创造力之间的相关关系，接着运用 SEM 和 OLS 回归分析方法分析了学校校企合作行为、企业校企合作行为对组织创新鼓励和创新型人才创造力的各个维度的直接效应和间接效应，并进行了假设检验。

第八章 校企合作教育对创新型人才创造力影响主效应与中介效应检验

在上一章中运用 SEM 和 OLS 回归分析方法分析了学校校企合作行为、企业校企合作行为对组织创新鼓励和创新型人才创造力的各个维度的直接效应，本章将继续检验组织创新鼓励以及组织创新支持、上级创新支持和同事创新支持，探讨这三个因子作为高阶变量，在学校校企合作行为和企业校企合作行为之间是否都发挥中介效应作用。

第一节 校企合作教育对创新型人才创造力主效应检验

根据 Baron 和 Kenny（1986）提出的用多元回归检验中介效应的方法，本章按以下步骤进行：

（1）检验 c 是否显著，因变量对自变量做回归（X > Y），检验是否存在显著的线性回归关系。

（2）检验 a 和 b 是否显著，中介变量对自变量做回归（X > M），因变量对中介变量做回归（即 M > Y），检验是否存在显著的线性相关关系。

（3）检验 C′ 是否显著，因变量同时对自变量和中介变量做回归（X，M > Y），通过对 c 与 C′ 进行比较，可以判断中介效应是否存在及 M 是否为完全中介变量（见图 8 - 1）。

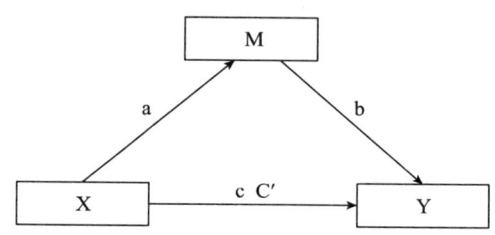

图 8 - 1　中介效应检验示意图

本章检验依次如下：①学校校企合作行为、企业校企合作行为对创新型人才创造力进行回归分析。②学校校企合作行为、企业校企合作行为对组织创新鼓励各维度进行回归分析。③组织创新鼓励各个维度对创新型人才创造力回归分析。④学校校企合作行为、企业校企合作行为、组织创新鼓励各维度对创新型人才创造力回归分析。

为明确校企合作教育对创新型人才创造力的具体影响，我们构造了校企合作教育的分维度对创新型人才创造力 SEM 模型，并得到以下结果，如图 8 - 2 所示。

如表 8 - 1 所示：RMSEA = 0.059，达到建议值，CFI、NFI、NNFI 以及 RFI 都在 0.9 以上，所拟合的模型可以接受。

从校企合作教育对创新型人才创造力主效应的影响程度结果来看，学校校企合作行为和企业校企合作行为的相关系数为 0.821，学校校企合作行为与创新型人才创造力的相关系数为 0.399，企业校企合作行为与创新型人才创造力的相关系数为 0.489，都在 $p < 0.001$ 水平上显著相关，表明学校、企业校企合作行为对创新型人才创造力有积极的正向影响，而企业校企合作行为对创新型人才创造力

的影响程度强于学校校企合作行为对上级创新支持的影响。

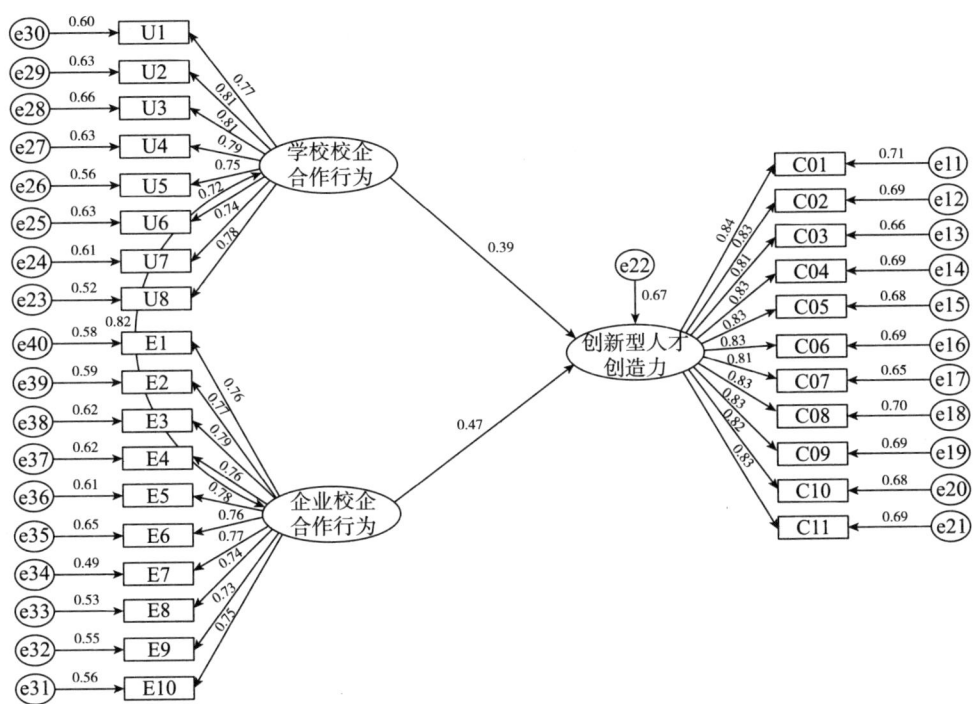

图 8-2 学校校企合作行为、企业校企合作行为对创新型人才创造力的影响

表 8-1 学校校企合作行为、企业校企合作行为对创新型人才创造力的影响分析

	变量关系		标准化路径系数	t 值
UCB	<---->	ECB	0.821***	9.816
IC	<---	UCB	0.399***	5.786
IC	<---	ECB	0.489***	6.857

模型拟合指标值：GFI=0.868，RMSEA=0.059，CFI=0.945，NFI=0.910，NNFI=0.940，RFI=0.903

注：t 值大于 1.96 时，$p<0.05$，用 * 表示；大于 2.58 时，$p<0.01$，用 ** 表示；大于 3.29 时，$p<0.001$，用 *** 表示。

为检验 SEM 模型结果的稳健性，采用 OLS 回归分析对上述模型进行再检验。具体的检验结果如表 8-2 所示：

表 8-2 学校校企合作行为、企业校企合作行为对创新型人才创造力的回归

	标准化回归系数	Sig.	R^2	ΔR^2	F 值	t 值	D. W
UCB	0.394***	0.000	0.616	0.615	340.651	8.489	1.871
ECB	0.442***	0.000				9.523	

注：*** 表示 $p < 0.001$，UCB 指学校校企合作行为，ECB 指企业校企合作行为。

从表 8-2 可以看出自变量对因变量在 $p < 0.001$ 的水平上达到了显著，即 c 显著，因此，假设 1、假设 2 得到了支持性验证。

第二节 组织创新鼓励分维度中介效应检验

接下来对中介变量中的组织创新支持、上级创新支持和同事创新支持分维度进行回归分析检验。

一、组织创新支持的中介效应检验

对组织创新支持各维度的中介效应进行检验步骤为：①学校校企合作行为和企业校企合作行为对组织创新支持的回归。②组织创新支持各个维度对创新型人才创造力的回归。③学校校企合作行为和企业校企合作行为、组织创新支持各维度对创新型人才创造力的回归。

从表 8-3 可以看出自变量对中介变量在 $p < 0.001$ 的水平上达到了显著，即 a 显著。因此，学校校企合作行为、企业校企合作行为对组织创新支持正相关，假设 3a、假设 4a 得到了支持性验证。

表8-3 学校校企合作行为、企业校企合作行为对组织创新支持的回归

	标准化回归系数	Sig.	R^2	ΔR^2	F值	t值	D.W
UCB	0.342***	0.000	0.682	0.681	454.855	8.082	2.121
ECB	0.535***	0.000				12.667	

注：***表示$p<0.001$，UCB指学校校企合作行为，ECB指企业校企合作行为。

表8-4 组织创新支持对创新型人才创造力的回归

	标准化回归系数	Sig	R^2	ΔR^2	F值	t值	D.W
OCS	0.798***	0.000	0.637	0.636	746.368	27.320	1.896

注：***表示$p<0.001$，OCS指组织创新支持。

从表8-4可以看出中介变量对因变量在$p<0.001$的水平上达到了显著，即b显著。

表8-5 学校、企业校企合作行为、组织创新支持对创造力的回归

	标准化回归系数	Sig.	R^2	ΔR^2	F值	t值	D.W
UCB	0.232***	0.000	0.688	0.686	311.075	5.150	1.882
ECB	0.188***	0.000				3.817	
OCS	0.475***	0.000				9.862	

注：***表示$p<0.001$，UCB指学校校企合作行为，ECB指企业校企合作行为，OCS指组织创新支持。

根据上述表格提示的信息可以判断c、a、b都分别显著，在中介变量"组织创新支持"进入回归方程时，学校校企合作行为对创造力的影响力的显著性水平从0.394降低至0.232，可以认为"组织创新支持"在学校校企合作行为与创新型人才创造力中起部分中介作用。而当中介变量"组织创新支持"进入回归方程时，企业校企合作行为对创新型人才创造力的影响力虽然仍在$p<0.001$的水平上显著，但系数由0.442下降至0.188，由此推断"组织创新支持"在企业校

企合作行为与创新型人才创造力在单一维度作为中介变量中起部分中介作用。

二、上级创新支持的中介效应检验

对上级创新支持各维度的中介效应进行检验步骤为：①学校校企合作行为和企业校企合作行为对上级创新支持的回归。②上级创新支持各个维度对创新型人才创造力的回归。③学校校企合作行为和企业校企合作行为、上级创新支持各维度对创新型人才创造力的回归。

表8-6　学校、企业校企合作行为对上级创新支持的回归

	标准化回归系数	Sig.	R^2	ΔR^2	F值	t值	D.W
UCB	0.352***	0.000	0.600	0.598	318.171	7.424	1.855
ECB	0.472***	0.000				9.962	

注：***表示 $P<0.001$，UCB指学校校企合作行为，ECB指企业校企合作行为。

从表8-6可以看出自变量对中介变量在 $p<0.001$ 的水平上达到了显著，即a显著。因此，学校校企合作行为、企业校企合作行为对上级创新支持正相关，假设3b、假设4b得到了支持性验证。

表8-7　上级创新支持对创造力的回归

	标准化回归系数	Sig.	R^2	ΔR^2	F值	t值	D.W
SCS	0.782***	0.000	0.612	0.611	670.565	25.895	1.838

注：***表示 $p<0.001$，SCS指上级创新支持。

从表8-7可以看出中介变量对因变量在 $p<0.001$ 的水平上达到了显著，即b显著。

根据上述表格提示的信息可以判断c、a、b都分别显著，在中介变量"上级创新支持"进入回归方程时，学校校企合作行为对创造力的影响力的显著性水平

从0.394降低至0.241,可以认为"上级创新支持"在学校校企合作行为与创新型人才创造力中起部分中介作用。而当中介变量"上级创新支持"进入回归方程时,企业校企合作行为对创造力的影响力虽然仍在 $p<0.001$ 的水平上显著,但系数由0.442下降至0.236,由此推断"上级创新支持"在企业校企合作行为与创造力在单一维度作为中介变量中起部分中介作用。

表8-8 学校、企业校企合作行为、上级创新支持对创造力的回归

	标准化回归系数	Sig.	R^2	ΔR^2	F值	t值	D.W
UCB	0.241***	0.000				5.438	
ECB	0.236***	0.000	0.693	0.690	317.558	5.107	1.907
SCS	0.436***	0.000				10.233	

注:***表示 $p<0.001$,UCB指学校校企合作行为,ECB指企业校企合作行为,SCS指上级创新支持。

三、同事创新支持的中介效应检验

对同事创新支持各维度的中介效应进行检验步骤为:①学校校企合作行为和企业校企合作行为对同事创新支持各个维度的回归。②同事创新支持各个维度对创新型人才创造力的回归。③学校校企合作行为和企业校企合作行为、同事创新支持各维度对创新型人才创造力的回归。

表8-9 学校、企业校企合作行为对同事创新支持的回归

	标准化回归系数	Sig.	R^2	ΔR^2	F值	t值	D.W
UCB	0.337	0.000	0.570	0.568	280.937	6.864	1.776
ECB	0.465	0.000				9.468	

注:***表示 $P<0.001$,UCB指学校校企合作行为,ECB指企业校企合作行为。

从表 8-9 可以看出，自变量对中介变量在 p<0.001 的水平上达到了显著，即 a 显著。因此，学校校企合作行为、企业校企合作行为对同事创新支持正相关，假设 3c、假设 4c 得到了支持性验证。

表 8-10　同事创新支持对创造力的回归

	标准化回归系数	Sig.	R^2	ΔR^2	F 值	t 值	D.W
CCS	0.770	0.000	0.592	0.591	617.337	24.846	1.825

注：＊＊＊表示 P<0.001，UCB 指学校校企合作行为，ECB 指企业校企合作行为。

从表 8-10 可以看出，中介变量对因变量在 p<0.001 的水平上达到了显著，即 b 显著。

表 8-11　学校、企业校企合作行为、同事创新支持对创造力的回归

	标准化回归系数	Sig.	R^2	ΔR^2	F 值	t 值	D.W
UCB	0.255	0.000	0.689	0.687	313.084	5.785	1.903
ECB	0.250	0.000				5.437	
CCS	0.412	0.000				9.978	

注：＊＊＊表示 p<0.001，UCB 指学校校企合作行为，ECB 指企业校企合作行为，CCS 指同事创新支持。

根据上述表格提示的信息可以判断 c、a、b 都分别显著，在中介变量"同事创新支持"进入回归方程时，学校校企合作行为对创造力的影响力的显著性水平从 0.394 降低至 0.255，可以认为"同事创新支持"在学校校企合作行为与对创新型人才创造力中起部分中介作用。而当中介变量"同事创新支持"进入回归方程时，企业校企合作行为对创造力的影响力，虽然仍在 p<0.001 的水平上显著，但系数由 0.442 下降至 0.250，由此推断"同事创新支持"在企业校企合作行为与对创造力在单一维度中起部分中介作用。

综上所述，组织创新支持、上级创新支持和同事创新支持在自变量学校合

作行为、企业合作行为与结果变量创新型人才创造力的关系中发挥部分中介作用。

第三节 校企合作行为、组织创新鼓励与创新型人才创造力作用关系路径分析

在上一节采用 SPSS22.0 回归分析法,分别分析了自变量、中介变量和因变量之间的直接和间接关系,但由于 SPSS 仅能处理单个因变量,不能同时说明多个自变量、中介变量和因变量之间的关系。以下借助 AMOS24.0 来拟合自变量(学校校企合作行为、企业校企合作行为)、中介变量(组织创新鼓励以及组织创新支持、上级创新支持、同事创新支持三因子)和因变量(创新型人才创造力)之间的直接效应和间接效应,拟合三者之间的关系并找出对数据解释最佳的模型,完成假设检验。将所有变量同时进行分析的结果会受到变量之间相关关系的影响,很可能与将变量单独分析时的结果有所不同。

为检验理论框架,本章构建无中介模型和完全中介模型进行假设模型。无中介模型(M1)是用于检验自变量对因变量没有通过中介变量的间接作用,只有直接作用,而完全中介模型(M2)用以检验是否自变量只通过中介变量才能对因变量产生间接作用,而不产生直接作用,部分中介变量模型(M3)则用以评估自变量对因变量不但有直接作用,而且通过中介变量对因变量产生间接作用。无中介模型(M1):学校校企合作行为和企业校企合作行为对创新型人才创造力的直接影响模型,如图 8-3 所示:

完全中介模型(M2a、M2b):学校校企合作行为、企业校企合作行为对创新型人才创造力的间接影响。

部分中介模型(M3a、M3b):学校校企合作行为、企业校企合作行为对创新型人才创造力的间接影响。

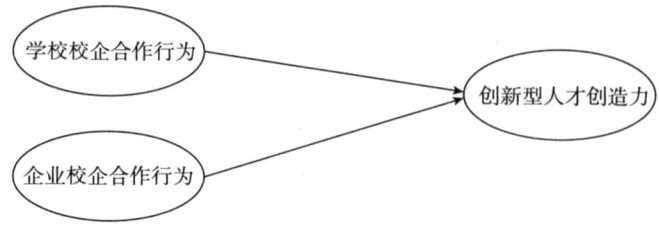

图8-3 学校校企合作行为、企业校企合作行为对创新型人才创造力的无中介模型 M1

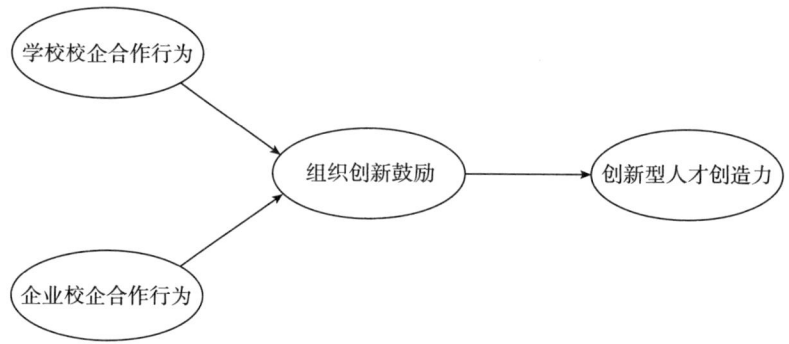

图8-4 学校、企业校企合作行为对创新型人才创造力的完全中介模型 M2a

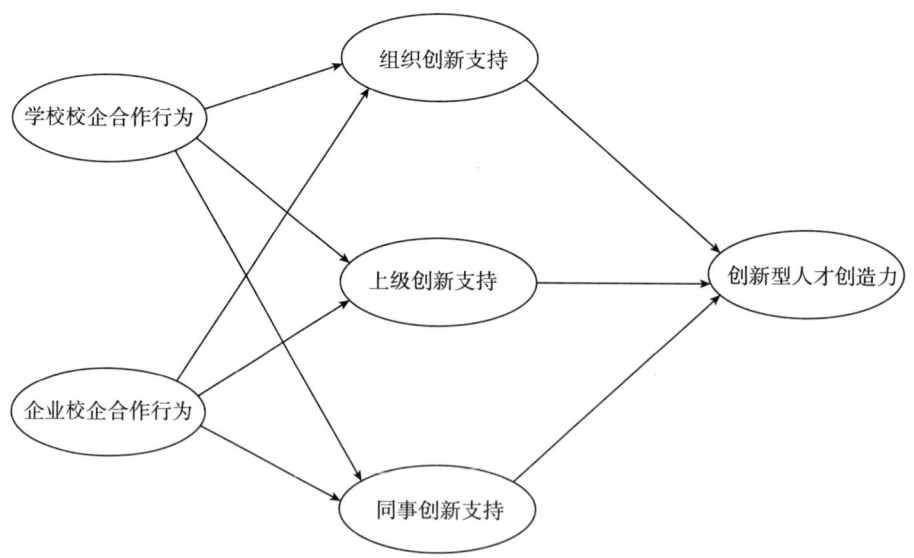

图8-5 学校、企业校企合作行为对创新型人才创造力的完全中介模型 M2b

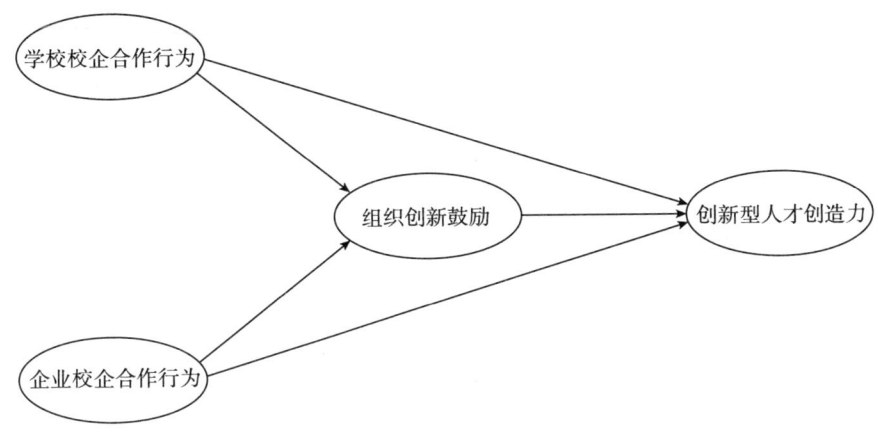

图 8-6 学校、企业校企合作行为对创新型人才创造力的部分中介模型 **M3a**

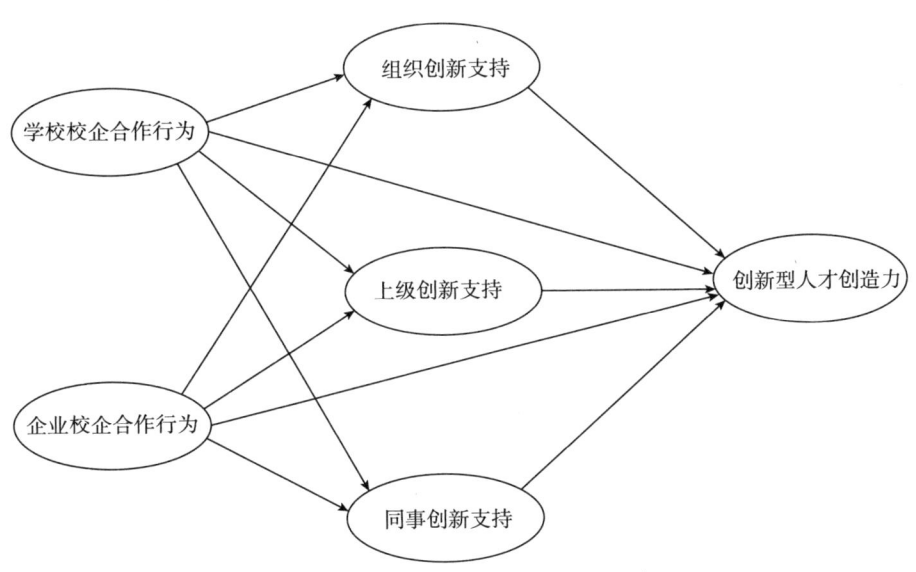

图 8-7 学校、企业校企合作行为对创新型人才创造力的部分中介模型 **M3b**

通过采用 AMOS24.0 对上述三个模型进行分析,本章采用卡方值、卡方值与自由度的比值、拟合优度、调整后拟合优度、规范拟合优度以及近似均方根残差等指标来衡量模型优劣。

从表 8-12 可以看出，对于无中介模型 M1 而言，除了 CFI、NNFI、NFI 以外，其他指标都不够理想；完全中介模型 M2a、M2b 的所有指标均优于无中介模型 M1，但依然没有达到可以接受的标准。对于部分中介模型 M3a、M3b 而言，不但所有的指标都优于无中介模型 M1 和完全中介模型 M2a、M2b，而且所有的指标都达到了理想值。因此，假设部分中介模型是拟合度最好的模型，即涵盖组织创新支持、上级创新支持和同事创新支持对创新型人才创造力的中介效应，学校校企合作行为、企业校企合作行为对创新型人才创造力的直接效应的假设模型是适配性最好、解释力最强的模型。本书保留该模型，并将进一步在下文中解释该模型，进而检验研究假设。

表 8-12　创新型人才创造力结构方程模型拟合指数

模型	χ^2	df	χ^2/df	GFI	RMSEA	CFI	NFI	NNFI	RFI
M1	923.997	374	2.472	0.868	0.059	0.945	0.910	0.940	0.903
M2a	1842.443	895	2.059	0.835	0.05	0.942	0.893	0.939	0.887
M2b	2047.203	892	2.295	0.816	0.055	0.929	0.882	0.925	0.874
M3a	1837.874	893	2.058	0.836	0.05	0.942	0.894	0.939	0.887
M3b	2041.382	890	2.294	0.817	0.055	0.929	0.882	0.925	0.874

注：* 表示 $p<0.05$ 双边检验；** 表示 $p<0.01$ 双边检验；*** 表示 $p<0.001$ 双边检验。

第四节　假设检验结果

接下来对组织创新鼓励以及组织创新支持、上级创新支持和同事创新支持分维度的中介效应分别进行检验。

一、组织创新鼓励中介效应检验结果

根据假设模型拟合调查样本数据得到的参数估计及测定系数、显著性、修正指数及拟合指数等对模型做了多次修正,删除了一些路径,组织创新鼓励中介作用最终结构模型,如图8-8所示,表8-13列出了假设模型中各路径系数、t值及显著性水平。

表8-13 假设 M3a 模型的路径系数

因子间关系			标准化路径系数	t 值	Sig. 值
组织创新鼓励	<---	学校校企合作行为	0.344	5.714	***
组织创新鼓励	<---	企业校企合作行为	0.586	8.893	***
创新型人才创造力	<---	组织创新鼓励	0.781	9.338	***
创新型人才创造力	<---	学校校企合作行为	0.121	2.020	0.043
创新型人才创造力	<---	企业校企合作行为	0.008	0.115	0.909

注:*表示 $p<0.05$ 双边检验;**表示 $p<0.01$ 双边检验;***表示 $p<0.001$ 双边检验。

学校校企合作行为在加入组织创新鼓励的中介变量后,标准化系数仅为 0.121,p值变为 $0.043<0.05$ 显著,因此,组织创新鼓励在学校校企合作行为和创新型人才创造力之间起到了部分中介作用,假设6成立。

企业校企合作行为在加入组织创新鼓励包括组织创新支持、上级创新支持和同事创新支持三个因子的中介变量后,标准化系数仅为 0.008,p值变为 0.909,远远大于 0.05 的显著性水平,因此,组织创新鼓励在企业校企合作行为和创新型人才创造力之间起到了完全中介作用,我们在修正后的模型中将企业校企合作行为对创新型人才创造力的直接作用予以删除,假设7成立。

表8-14 全模型 M3a 创新型人才创造力结构方程模型拟合指数

χ^2	df	χ^2/df	GFI	RMSEA	CFI	NFI	NNFI	RFI
1837.874	893	2.058	0.836	0.05	0.942	0.894	0.939	0.887

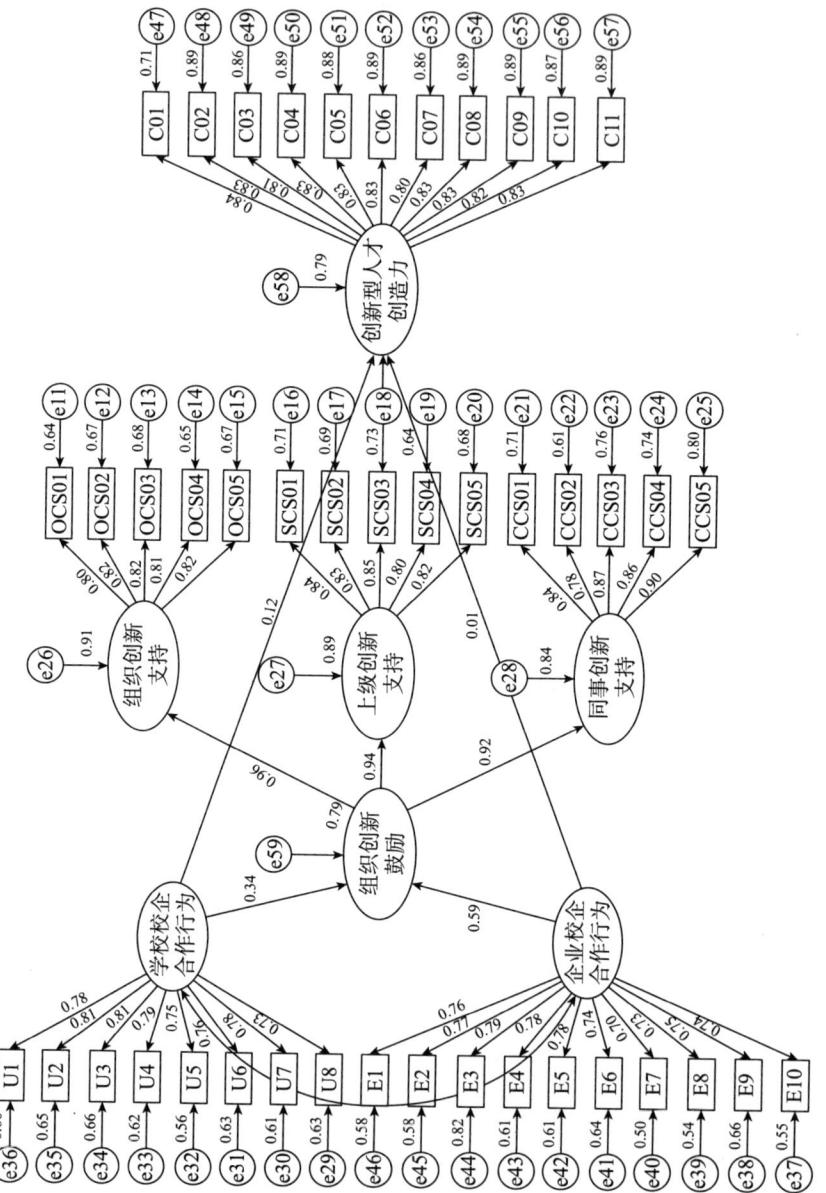

图 8-8 假设路径结构方程 M3a 全模型

接着，本章对以上模型进行修正，修正后模型的系数如表 8-15 所示：

表 8-15　假设模型的路径系数

因子间关系			标准化路径系数	t 值	Sig. 值
组织创新鼓励	<---	学校校企合作行为	0.347	5.505	***
组织创新鼓励	<---	企业校企合作行为	0.580	8.565	***
创新型人才创造力	<---	组织创新鼓励	0.783	11.260	***
创新型人才创造力	<---	学校校企合作行为	0.128	2.203	0.028
创新型人才创造力	<---	企业校企合作行为	—	—	

注：* 表示 $p<0.05$ 双边检验；** 表示 $p<0.01$ 双边检验；*** 表示 $p<0.001$ 双边检验。

表 8-15 显示：①学校校企合作行为因子对创新型人才创造力的直接影响路径系数为 0.128^{**}。②学校校企合作行为因子通过中介变量组织创新鼓励对创新型人才创造力的间接影响为 $0.347^{***} \times 0.783^{***} = 0.272$。

同时，企业校企合作行为直接对创新型人才创造力的影响不显著，通过中介变量组织创新鼓励间接作用于创新型人才创造力 $0.580^{***} \times 0.783^{***} = 0.454$。

表 8-16　修正后全模型 M3a 创新型人才创造力结构方程模型拟合指数

χ^2	df	χ^2/df	GFI	RMSEA	CFI	NFI	NNFI	RFI
1712.818	890	1.925	0.849	0.047	0.950	0.901	0.946	0.895

二、组织创新鼓励分维度中介效应检验结果

根据以上步骤，组织创新鼓励分为组织创新支持、上级创新支持和同事创新支持三个因子最终结构模型如图 8-10 所示，表 8-17 列出了假设模型中各路径系数、t 值及显著性水平。

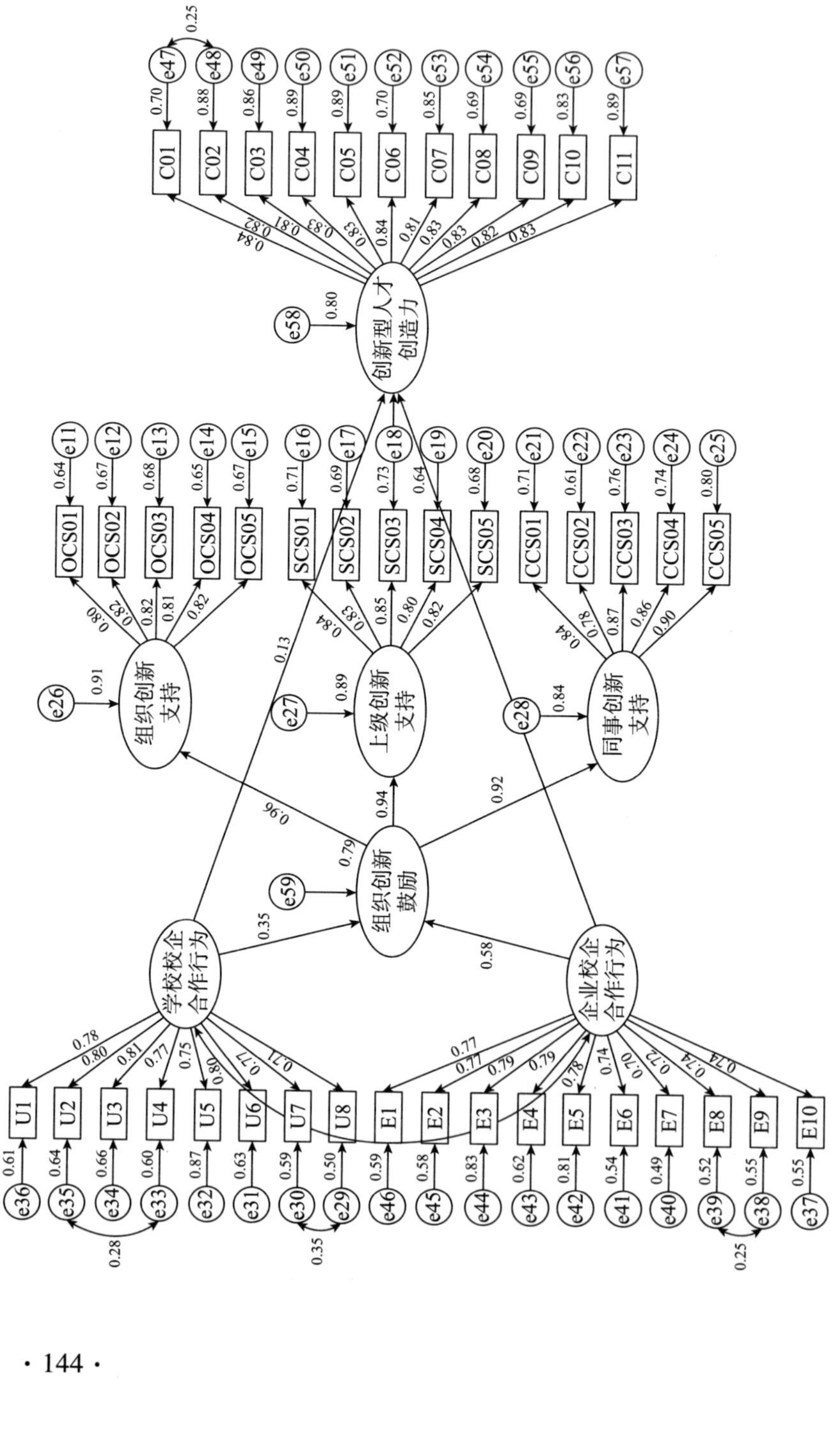

图 8-9 修正后假设路径结构方程 M3a 全模型

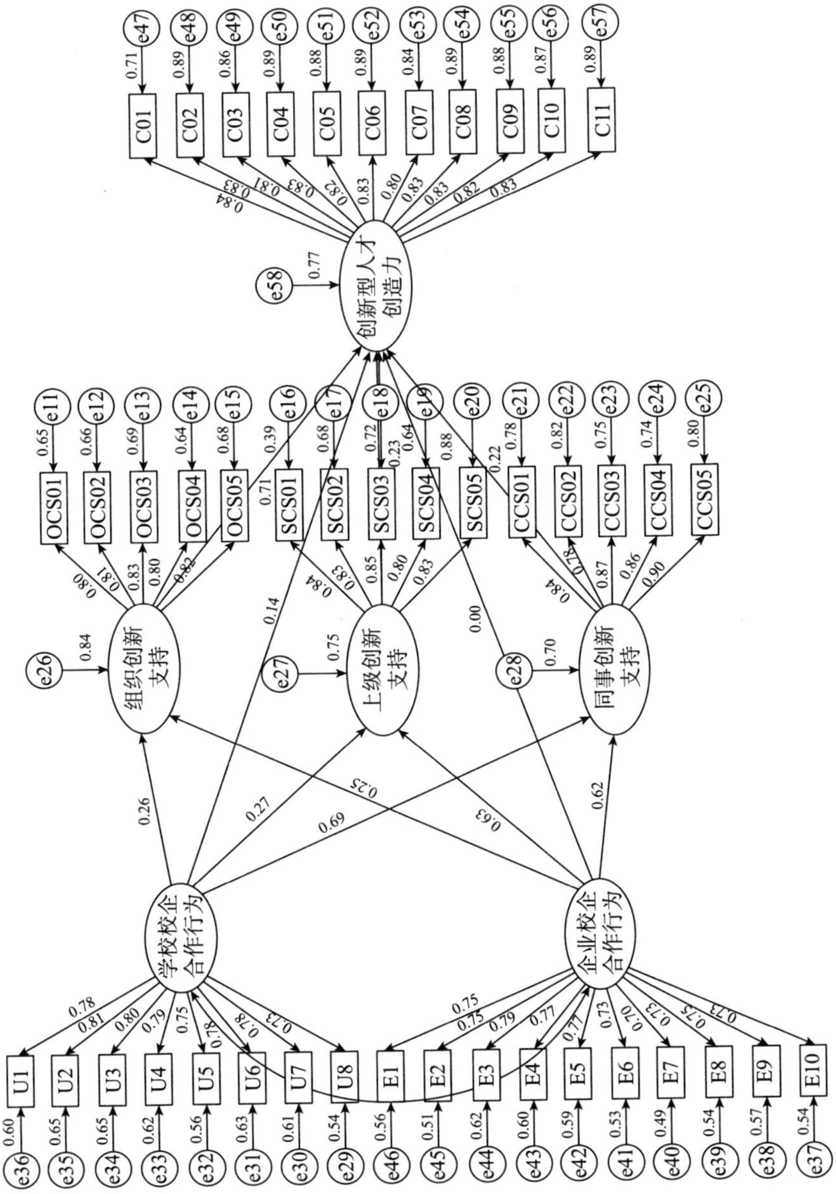

图 8-10 假设路径结构方程 M3b 全模型

表 8-17 假设 M3b 模型的路径系数

因子间关系			标准化路径系数	t 值	Sig. 值
组织创新支持	<---	学校校企合作行为	0.259	4.474	***
上级创新支持	<---	学校校企合作行为	0.27	4.233	***
同事创新支持	<---	学校校企合作行为	0.252	3.848	***
组织创新支持	<---	企业校企合作行为	0.690	10.177	***
上级创新支持	<---	企业校企合作行为	0.628	8.938	***
同事创新支持	<---	企业校企合作行为	0.619	8.604	***
创新型人才创造力	<---	组织创新支持	0.359	3.902	***
创新型人才创造力	<---	上级创新支持	0.235	3.632	***
创新型人才创造力	<---	同事创新支持	0.215	3.782	***
创新型人才创造力	<---	学校校企合作行为	0.144	2.264	0.024
创新型人才创造力	<---	企业校企合作行为	0.005	0.045	0.964

注：* 表示 p<0.05 双边检验；** 表示 p<0.01 双边检验；*** 表示 p<0.001 双边检验。

学校校企合作行为在加入组织创新支持、上级创新支持和同事创新支持三个因子的中介变量后，标准化系数仅为 0.144，p 值变为 0.024<0.05 显著，因此，这三个维度在学校校企合作行为和创新型人才创造力之间起到了部分中介作用，假设 6a、假设 6b、假设 6c 成立。

企业校企合作行为在加入组织创新支持、上级创新支持和同事创新支持三个因子的中介变量后，标准化系数仅为 0.005，p 值变为 0.964，远远大于 0.05 的显著性水平，因此，这三个因子在企业校企合作行为和创新型人才创造力之间起到了完全中介作用，我们在修正后的模型中对企业校企合作行为对创新型人才创造力的直接作用予以删除，假设 7a、假设 7b、假设 7c 成立。

表 8-18 全模型 M3b 创新型人才创造力结构方程模型拟合指数

χ^2	df	χ^2/df	GFI	RMSEA	CFI	NFI	NNFI	RFI
2041.382	890	2.294	0.817	0.055	0.929	0.882	0.925	0.874

接着,本节对以上模型进行了修正,修正后模型的系数如表8-19所示:

表8-19 修正后假设M3b模型的路径系数

因子间关系			标准化路径系数	t值	Sig.值
组织创新支持	<---	学校校企合作行为	0.288	4.666	***
上级创新支持	<---	学校校企合作行为	0.312	4.524	***
同事创新支持	<---	学校校企合作行为	0.295	4.186	***
组织创新支持	<---	企业校企合作行为	0.653	9.345	***
上级创新支持	<---	企业校企合作行为	0.568	7.746	***
同事创新支持	<---	企业校企合作行为	0.557	7.430	***
创新型人才创造力	<---	组织创新支持	0.369	5.071	***
创新型人才创造力	<---	上级创新支持	0.241	2.615	0.009
创新型人才创造力	<---	同事创新支持	0.190	2.301	0.021
创新型人才创造力	<---	学校校企合作行为	0.153	2.624	0.009
创新型人才创造力	<---	企业校企合作行为	—	—	—

注:*表示p<0.05双边检验;**表示p<0.01双边检验;***表示p<0.001双边检验。

表8-19显示:①学校校企合作行为维度对创新型人才创造力的直接影响路径系数为0.153**。②学校校企合作行为维度通过中介变量组织创新支持对创新型人才创造力的间接影响为0.288*** × 0.369*** = 0.106。③学校校企合作行为维度通过中介变量上级创新支持对创新型人才创造力的间接影响为0.312*** × 0.241** = 0.075。④学校校企合作行为维度通过中介变量同事创新支持对创新型人才创造力的间接影响为0.295*** × 0.190* = 0.056。

企业校企合作行为对创新型人才创造力的直接影响不显著,通过组织创新支持、上级创新支持和同事创新支持三个维度来完成。具体如下:①企业校企合作行为维度通过中介变量组织创新支持间接作用于创新型人才创造力为0.653*** × 0.369*** = 0.240。②企业校企合作行为维度通过中介变量上级创新支持间接作用于创新型人才创造力为0.568*** × 0.241** = 0.137。③企业校企合作行为维度通

校企合作教育对创新型人才创造力的影响研究

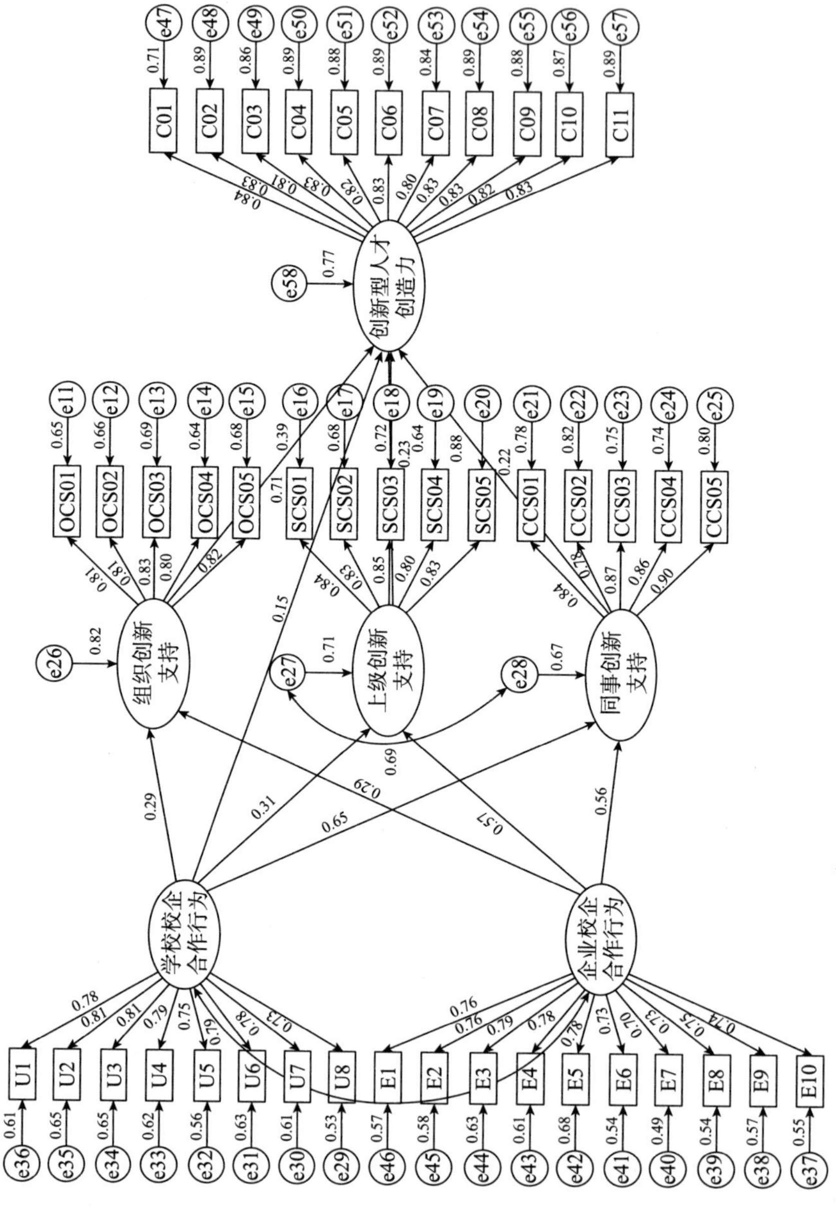

图 8-11 修正后假设路径结构方程 M3a 全模型

第八章 校企合作教育对创新型人才创造力影响主效应与中介效应检验

过中介变量同事创新支持间接作用于创新型人才创造力 $0.557^{***} \times 0.190^{*} = 0.106$。

表 8–20 修正后 M3b 全模型创新型人才创造力结构方程模型拟合指数

χ^2	df	χ^2/df	GFI	RMSEA	CFI	NFI	NNFI	RFI
1164.733	619	1.882	0.872	0.045	0.961	0.920	0.958	0.914

结合前面多元回归分析结果，对本研究假设进行检验的结果如表 8–21 所示：

表 8–21 本研究的假设检验结果汇总表

假设	假设内容	结果
假设 1	学校校企合作行为与创新型人才创造力正相关	支持
假设 2	企业校企合作行为与创新型人才创造力正相关	支持
假设 3	学校校企合作行为与组织创新鼓励正相关	支持
假设 3a	学校校企合作行为与组织创新支持正相关	支持
假设 3b	学校校企合作行为与上级创新支持正相关	支持
假设 3c	学校校企合作行为与同事创新支持正相关	支持
假设 4	企业校企合作行为与组织创新鼓励正相关	支持
假设 4a	企业校企合作行为与组织创新支持正相关	支持
假设 4b	企业校企合作行为与上级创新支持正相关	支持
假设 4c	企业校企合作行为与同事创新支持正相关	支持
假设 5	组织创新鼓励与创新型人才创造力正相关	支持
假设 5a	组织创新支持与创新型人才创造力正相关	支持
假设 5b	上级创新支持与创新型人才创造力正相关	支持
假设 5c	同事创新支持与创新型人才创造力正相关	支持
假设 6	组织创新鼓励（包括组织创新支持、上级创新支持和同事创新支持）在学校校企合作行为和创新型人才创造力之间起中介作用	支持（部分中介）
假设 6a	组织创新支持在学校校企合作行为与创新型人才创造力之间起中介作用	支持
假设 6b	上级创新支持在学校校企合作行为与创新型人才创造力之间起中介作用	支持

续表

假设	假设内容	结果
假设6c	同事创新支持在学校校企合作行为与创新型人才创造力之间起中介作用	支持
假设7	组织创新鼓励（包括组织创新支持、上级创新支持和同事创新支持）在企业校企合作行为和创新型人才创造力之间起中介作用	支持（完全中介）
假设7a	组织创新支持在企业校企合作行为与创新型人才创造力之间起中介作用	支持
假设7b	上级创新支持在企业校企合作行为与创新型人才创造力之间起中介作用	支持
假设7c	同事创新支持在企业校企合作行为与创新型人才创造力之间起中介作用	支持

本章小结

本章运用 SEM 和 OLS 回归分析方法分析了学校校企合作行为、企业校企合作行为对组织创新鼓励（组织创新支持、上级创新支持、同事创新支持）和创新型人才创造力的各个维度的直接效应，同时检验了组织创新鼓励以及组织创新支持、上级创新支持、同事创新支持在学校校企合作行为、企业校企合作行为和创新型人才创造力之间的中介效应。

第九章 研究结论与展望

前面章节通过理论回顾与文献综述、借助质性研究构建理论模型,在采集数据样本后进行信度效度检验,通过描述性统计分析、相关分析与回归分析,并构建 SEM 模型来探讨组织创新鼓励以及组织创新支持、上级创新支持、同事创新支持三个维度在学校校企合作行为、企业校企合作行为和创新型人才创造力之间的中介效应,最后对研究假设进行检验。本章将对本书研究的不足和局限性进行说明并提出相应的建议。

第一节 研究结论与探讨

一、研究结论

本书主要结论如下:

(1) 学校校企合作行为对创新型人才创造力有显著影响。学校校企合作行为对参与校企合作教育的学生创造力影响的系数为 0.394,在 $p<0.001$ 的水平上达到显著,这意味着学校校企合作行为每上升一个档次,学生的创造力水平就提高 0.394,学校校企合作行为能够有效提升创新型人才创造力,这是基于众多学

者从教育视角的理论角度,阐述了校企合作教育对学生创造力有一定的影响(蒋茂东,2007;张嫒必,2006;Amabile,1997;徐小英,2011)。

(2)企业校企合作行为对创新型人才创造力有显著影响。企业校企合作行为对参与校企合作教育的学生创造力影响的系数为 0.442,在 $p<0.001$ 的水平上达到显著,这意味着企业校企合作行为每上升一个档次,学生的创造力水平就提高 0.442,与学校校企合作行为相比,企业校企合作行为对创新型人才创造力影响的系数更高,企业校企合作行为能够有效提升创新型人才创造力。这与王雁(2006)提出的学校和企业通过建立战略联盟,有助于增进学生的知识,培养学生的创新与创业能力,企业参与到校企合作行为中,能为学生提供创业学习机会和商业机会,从而增进其创新知识、创业精神和创业能力的研究结论相一致。

(3)组织创新鼓励以及三维度在学校校企合作行为与创新型人才创造力中发挥部分中介作用。Amabile(1995,1996)把组织创新支持、上级创新支持和同事创新支持三个维度列入组织创新鼓励概念,并有各自的测量表。经过探索性因子分析得出中国情境下分为组织创新支持、上级创新支持和同事创新支持三个维度,组合信度为 0.91、0.92、0.93,平均方差抽取量为 0.66、0.69 和 0.73,表明三个维度的组织创新鼓励量表具有可靠的内在一致性信度和聚会效度。

从 SEM 可以看出,学校校企合作行为因子通过中介变量组织创新鼓励对创新型人才创造力的间接影响为 $0.347^{***} \times 0.783^{***} = 0.272$,学校校企合作行为因子对创新型人才创造力的直接影响路径系数为 0.128^{*}。学校校企合作行为在加入组织创新鼓励这一中介变量后,对创新型人才创造力的作用由原来的 0.335 减弱为 0.128,在 $p<0.05$ 的水平上仍然显著。这说明组织创新鼓励在学校校企合作行为和创新型人才创造力之间起部分中介作用。

而学校校企合作行为因子通过中介变量组织创新鼓励三维度组织创新支持、上级创新支持和同事创新支持,对创新型人才创造力的间接影响分别为 $0.288^{***} \times 0.369^{***} = 0.106$、$0.312^{***} \times 0.241^{**} = 0.075$ 和 $0.295^{***} \times 0.190^{*} = 0.056$,学校校企合作行为因子对创新型人才创造力的直接影响路径系数为 0.153^{*}。学校校企合作行为在同时加入组织创新支持、上级创新支持和同事创新支持这三个中介变量后，对创新型人才创造力的作用由原来的 0.394*** 减弱为 0.153*，在 p<0.05 的水平上仍然显著，这说明组织创新鼓励在学校校企合作行为和创新型人才创造力之间起部分中介作用。

（4）组织创新鼓励以及三维度在企业校企合作行为与创新型人才创造力中发挥完全中介作用。从 SEM 可以看出，企业校企合作行为因子通过中介变量组织创新鼓励对创新型人才创造力的间接影响为 0.58*** × 0.783*** = 0.454，企业校企合作行为因子在加入组织创新鼓励这一中介变量后，对创新型人才创造力的直接影响路径系数由原来的 0.588 减弱为 0.008，p 值为 0.909 远远大于 0.05。这说明组织创新鼓励在企业校企合作行为和创新型人才创造力之间起完全中介作用。

而企业校企合作行为因子通过中介变量组织创新鼓励三维度组织创新支持、上级创新支持和同事创新支持，对创新型人才创造力的间接影响分别为 0.653*** × 0.369*** = 0.240、0.568*** × 0.241** = 0.137 和 0.557*** × 0.190* = 0.106。企业校企合作行为在同时加入创新支持、上级创新支持和同事创新支持这三个中介变量后，对创新型人才创造力的作用由原来的 0.442*** 减弱为 0.005，P 值为 0.964 远远大于 0.05，这说明组织创新鼓励在企业校企合作行为和创新型人才创造力之间起完全中介作用。这与相关学者所研究的结论一致，包括组织创新鼓励、工作自主性、资源、工作挑战性与员工创造力积极正相关；组织创新气氛积极促进员工创造力以及组织创新绩效；组织创新支持和资源提高会带来更多的创新行为等（Amabile, et al., 1996；李信莹，2002；Scott and Bruce, 1994）。因此，要充分调动企业的积极性，激发企业参与校企合作教育的动力和热情，高校在整个专业教育的过程中，如能有企业的参与和介入，企业所表现出来的影响和推动作用势必更大，效果也更好。

二、理论创新

本书主要内容与创新点如下：

1. 完善了校企合作教育对创新型人才创造力的影响研究

改良了学校校企合作行为、企业校企合作行为测量量表,并对其进行信度与效度检验,通过对改良后的测量量表收集样本数据分析后发现,校企合作教育对参与校企合作的学生的创造力有显著正向影响,相对于学校校企合作行为,企业校企合作行为对组织创新支持、上级创新支持和同事创新支持的作用更大,这一结论与半结构式访谈记录以及大多数质性研究吻合。

从组织创新氛围的相关文献综述情况可知,大部分学者的研究结论都认为组织创新鼓励与创造力有直接显著的相关关系。校企合作教育中,企业所提供的真实工作环境就自然而然地形成了一种无法在课堂上学习和比拟的优势,通过"做中学、学中做"来整合现有的理论知识与实践知识,会给教师和企业导师带来对于不同问题的新见解,改变了传统意义上的教与学的关系,使得学生能首先掌握学习主动性,带着书本上的理论到实践中找到应用,有助于激发其内在的学习热情和动力,从而产生创新型人才创造力。本书借助校企合作行为这一前提,通过组织创新鼓励这一中介作用,进一步提升和培养学生的创造力,验证了在中国应用技术大学校企合作教育中,企业是影响创新型人才培养的关键因素。

2. 深化了创新型人才创造力培养的关键路径

本书聚焦于协同创新这一研究领域,通过比较研究探索创新型人才创造力培养的关键路径发现,关于组织创新鼓励和组织创新支持、上级创新支持和同事创新支持三个因子的中介作用影响。通过结构方程模型构建三者部分中介模型过程中发现,组织创新鼓励 M3a 模型拟合指数比三因子 M3b 模型拟合指数要更佳,这与刘胜利、张兰等(2013)在基于高校产学研协同创新体系研究中提出要积极推进协同创新需要营造协同创新氛围,将"协同创新"与组织创新鼓励有效结合起来,贯穿到高校的创新实践中的研究结论相一致。这进一步说明了校企协同创新在校企合作教育中的重要性,只有通过学校和企业两个组织协同发展,无论学生是在学校学习还是在企业实习,企业都要营造出重视人才、鼓励他们创新思考的氛围,同时学校和企业都应崇尚自由与开放,营造创新变革并鼓励他们尝试和从错误中学习的氛围,这样才能让学校和企业在互惠互利的基础上建立长期的持久的战略型的合作伙伴关系,实现三赢,即解决学校人才培养问题、企业招聘到所需求的人才以及学生对本职工作和自身更好地定位。

校企协同创新培养人才,组织创新鼓励在学校校企合作行为中起部分中介作用,而在企业校企合作行为中起完全中介作用,这一结论揭示了学校与企业两个组织对创新型人才创造力影响的不同机制,深化了创造力的机制研究;证明了中国企业要在校企合作教育中培养准员工的创造力,一定程度上就需要积极营造创新氛围、积极鼓励准员工的创新行为,借助校企协同创新这一途径方可获得更多自身所需的创新型人才,提供了创造力在校企合作教育背景下的研究样本,验证了创造力理论在不同研究背景下对人力资源管理的普适性。

3. 丰富了组织创新鼓励对创造力影响的机制研究

相关学者对于创造力的影响因素方面,提出影响员工创造力最关键的环境因素就是上级创新支持,当主管鼓励下属表达自己的意见、以新的观念或思维方式处理事情,并愿意与下属共同探讨新方案和新的想法时,这就是在创造一个创新的氛围,有助于员工创造力的提升(Amabile,1996)。Madiar(2002)提出工作情景中上级与同事如能对个人表达出支持性的行为,这一定意义上能增强其创造力。

校企合作中学生到企业里工作和实习,总体来说还是学习者的角色和身份,因而信任在组织创新鼓励中的作用尤其重要。在组织创新支持维度中,"学校老师或企业主管,能够尊重不同的意见与建议""学校老师或企业主管,能够信任我,适当授权"等测量指标,将测量项目"学校按照我所在企业的需求培养订单式人才"和"学校课程中的教学(实训)内容来自企业真实案例"一起归为学校校企合作行为维度,将测量条目"我所在的企业善于总结生产过程中的实践经验或案例并放到学校的教学中"和"我所在的企业希望把该企业用人需求类型定制到学校的整个人才培养过程中"归为企业校企合作行为。深度访谈发现"学校优先为我所在的企业推荐毕业生"深层的内涵在于,如果参与校企合作教育的企业愿意为高校的学生提供就业机会,学生将会在整个实习的过程中以员工的身份参与到工作中去,提高个人创造力,再通过学校方面的优先推荐,今后能留在该企业工作。

本书发现,在校企合作教育背景下,组织创新鼓励三维度中的三种创新支持对创新型人才创造力有着不同程度的影响,在 M3b 模型中,组织创新支持的标准化路径系数为 0.241**,要高于上级创新支持 0.19* 和同事创新支持 0.153** 两个维度,也就是说组织创新支持首先是培养创新型人才创造力最关键的因素,其次是上级创新支持,最后才是同事创新支持,这一研究结果与相关学者对影响员工创造力的研究中认为最关键的环境因素是上级创新支持有所不同,进而完善了组织创新支持在对校企合作教育中,通过学校和企业两个不同组织对学生创造力的鼓励,在创新型人才创造力培养过程中组织协同创新起着至关重要的作用,说明了组织内部支持对创造力影响差异的重要意义,为理论进一步发展和完善提出有益的启示。

第二节 研究启示与建议

十九大报告中对促进高校内涵式人才培养,要求既要培育共性又要发扬个性的培养理念。促进高校的个性化健康发展,是促进创新人才发展的主要途径,更是内涵式人才培养的主要内容。同时,在马克思主义中国化过程中,毛泽东曾提出"教育必须同生产劳动相结合"以及坚持培养"德智体全面发展"的人才理念,都呼应了十九大倡导推进的高等教育内涵式发展,也为高校在新时代下的人才培养模式改革提供了理论助力。培养创新型人才的创造力就是要改变传统的应试教育的根本,需要更加顺应用人单位的需求,合理地开设相应专业课程,加大校企融合、产教育人的力度,合理有序地开展创新型人才培养,为中国早日实现建设"双一流"大学目标,即世界一流大学和一流学科打下坚实的基础。而通过校企合作教育共同培养创新型人才的办学模式受到了政界、经济界、教育界、产业界及管理界的重视。

一、研究结果对学校方面的启示

校企合作是应用技术大学培养创新型人才创造力的有效途径，研究结果显示，学校校企合作行为、企业校企合作行为都对学生的创造力有显著影响，其中，企业在协同创新过程中所发挥的作用更大，也就是说企业在培养创新型人才创造力方面能给校方、学生带来很多新的资源。因此，学校一定要秉承开门办学的原则，主动"走出去、引进来"，制定各种优惠政策引企入校，才能进一步提升自身的办学水平和人才培养水平。一般来说，国有大中型企业是高校理想的合作对象，但由于国有企业用人机制和体制的问题，对人才培养方面的投入并不十分到位。习近平主席在鼓励每个人实现"中国梦"的过程中还强调"超越自我、完善自我、再造自我"，并将创新引升到"事业"层次，要求在创新的实践中发现人才；在创新的活动中培育人才；在创新的事业中凝聚人才。对此，我们应在中国高校创新人才培养的自身实践发展过程中，坚持马克思主义创新理论的指导，积极引进海外优秀人才和借鉴融合海外可利用的经验，与时俱进，推陈出新，实现高校市场化创新，缔造适合自身发展的新模式。在校内合作、校企合作、校校合作、国际合作等多个层面广泛开展合作式培养，实施"以生为本合作式"应用型人才培养模式，培养符合学校办学定位、适应地方经济社会发展需要的创新型人才。

二、研究结果对企业方面的启示

企业应发挥自身优势，通过校企合作加大对创新人才的培养力度。包括：将本企业的人才需求目标以订单式、项目式提前纳入应用技术大学各专业的培养体系中去；参与制订各专业人才培养方案和课程建设，根据行业或企业相应岗位的知识、能力、素质要求，与高校共同开发实践课程体系，接受专业教师到企业挂职，参加课堂教学，为高校提供实验实训设备以及实习指导；企业还可通过参与校企合作提升自身的研发能力。学校也可以在这个过程中培养学生的创新能力、构建双师型教师队伍，丰富教学案例，实现企业、学校、学生的多赢。

三、研究结果对政府方面的启示

基于人类精神活动领域的复杂性，建立良好组织创新氛围无疑会是一项极为复杂的活动，需要我们进行条理有序的系统工作才能完成。在遵循创新活动客观规律的基础上，实行顶层设计、协同配套、整体推进的工作布局。既要倡导鼓励探索、崇尚真理、包容有度的创新社会风气，也要强调严谨务实、诚实守信的创新道德追求。科学看待创新人才培养，既要更新传统的人才培养观念，充分发掘创新人才，更好地使用创新人才，为创新人才施展创新能力拓展空间。同时，也要尊重创新人才，尊重创新人才的个人权利和创造力，支持和鼓励创新人才在创新活动中寻找自身价值，最大程度地激发创新人才的创新积极性和主动性。

第三节　研究局限与展望

（1）本书采用的是横截面的研究方法，在同一时点上同时测量校企合作教育、组织创新鼓励、创新型人才创造力这几个变量，研究结论尚未经过时间的检验。

（2）本书从个体层面出发，以参与校企合作的学生为研究样本，来考察校企合作行为、组织创新鼓励和创造力之间的关系，由于研究范围的关系，样本的选取仅限于西部地区广西范围内的应用技术大学，且样本数量有限，仅能反映西部地区的部分高校情况，未来需扩大到其他地区。尚未发现校企合作教育与组织创新鼓励和创新型人才创造力之间的调节变量。建议未来的研究要综合考察组织方面和个人方面的信息，扩大样本范围，深入研究校企合作的前因变量和结果变量。

（3）本书通过质性研究构建理论模型，通过问卷调查来收集数据，由于时间有限，问卷题项都是由参加过校企合作的实习生单独填写，有一定的局限性。

建议未来的研究尽可能从企业、学校、学生多处收集数据，以便最大限度地降低同源方差的影响。

本章小结

本章对研究结论进行归纳与总结，同时，系统梳理了全书的理论创新点，对研究不足进行探讨，为未来的研究提出参考建议。

附录 A

一、企业主管访谈提纲

1. 您觉得本企业/行业对创新型人才的需求有什么特点？
2. 您如何看待校企合作对学生的培养以及企业对高校的社会责任？
3. 贵企业/行业要招什么类型的员工？
4. 高校应如何设置专业课程更为合理？
5. 如何通过校企合作方式来培养学生的创新思维？
6. 学校如何进行师资队伍培养，通过校企合作能给企业产生哪些效益？
7. 学生的个人品质、家庭条件、自身经历对职业素养形成产生什么影响？

二、校企合作实习生访谈提纲

1. 您觉得在该合作企业实习最大的问题是什么？
2. 您对该企业有哪些不满意的地方？
3. 在这一年的工作中有没有通过您的工作创新为该企业做了一些改变？
4. 该企业的领导和同事怎么样？
5. 您怎么看待该行业呢？会不会打算继续做类似的工作？
6. 对校企合作这样的模式有什么好的建议？
7. 如果没有一年的实习协议会不会很快离职？

附表 A-1　研究对象的开放性编码

原始访谈资料	开放性编码（初始概念）
1-1-1：我们有工程管理、物业管理公司，其实物业就是一个很好的服务平台，是整个社区的大管家，我们所需要的企业高级管理工程师很缺，根本找不到合适的员工。百色地区适合发展生态农业，这里土地肥沃、阳光充足、气候宜人，但就是缺乏有职业素养的高级管理人才，农民工平均年龄46岁，未来农民工会变老，人才将会更加缺乏。	
2-1-1：黑龙江工业大学就有一个建材研究所，是以校企合作的模式联合培养后备人才。	
3-1-1：我们企业拥有五个甲级资质，但是百色地区太落后，留不住高端人才，我们只有到南宁、广州、深圳等大城市创业，才能突破瓶颈，解决在百色地区所面临的人才紧缺问题。	
4-1-1：我们公司位于南宁，招聘员工相对容易，但有一次招聘了10个新员工，最终只留下2个，其原因是要安排一个项目经理带上这批新员工到武鸣县城开发新业务，多数人表示很艰苦，立马走人。	A1-1 服务平台 A1-2 社区大管家 A1-3 找不到员工 A1-4 职业素养
5-1-1：校企合作是企业与学校共同选择和培养人才的很好方式。	A1-5 人才更加缺 ……
6-1-1：装修行业是人们现代化生活家居功能的体现，更是艺术文化的展现，比较注重实操能力的培养，必须要抓质量、抓设计、抓理念。装修行业也需要稳定的队伍，做实业、做服务、用心服务客户，不能太推崇大众教育。我们企业南宁排第一，有自己的生产基地，注重以人为本，设计师和监理都比较稳定，平均从业年限为7~8年。项目经理年薪30万左右，设计师年薪也达10万以上，市场营销人员年薪也有6万左右。	
7-1-1：测绘行业是集生产、研发、科研于一体的，人才流动过快也是大的问题。百色现在开通高铁就是吸引人才的重要条件，环境宜人、交通便利，人才自然会来。	
8-1-1：我们学校与很多企业是合作单位，做职业岗位培训，大学是以学历教育为重心，我们是以技能教育为主。	

续表

原始访谈资料	开放性编码（初始概念）
1-2-1：通过产教融合不断提高人的理念，从而跟上企业发展的步伐。 2-2-1：企业善于总结在生产过程中的实践经验并让学校放到教学中，这样才能进一步提高人才的适用性，共同建立科研基地，过去教学都是在理论上，没有真正落地。 3-2-1：科学转化为生产力，科学就是人才。企业把人才资源计划与高校培养相结合，把企业所需要的人才前置到大学4年培养过程中，即职业教育前置化。 4-2-1：企业要培养自己人，就要打造自己的团队，关键是企业用人的理念如何与学校交流对接。企业必须定位准确，招聘什么样的人才就要用心、用时间培养后备人才，学校所培养出来的通用人才如果没有特色那就不能用，高、精、尖的人员对大多数的企业来说并不适合。企业用人要实在，做到与学校良好对接，与学校相互延伸，在与学校合作中找到自己的定位。以师傅带徒弟的方式培养其职业理念和职业道德。 5-2-1：产教融合与实践运用结合起来。一是企业要到高校多讲课，多提高学生对企业的认知；二是要对学生的职业发展空间做详细介绍，让学生毕业前掌握未来工作的更多知识。 6-2-1：如何把人才把握好是很关键的问题。装修最容易形成项目化教学。	B1-1 产教融合 B1-2 企业发展 B2-1 实践经验 B2-2 共建科研基地 B2-3 理论没落地 B3-1 科学是人才 B3-2 计划与培养结合 B3-3 职业教育前置化
5-2-1：我们会组织新员工见面会，一是做企业介绍、搭建平台，刚毕业的学生出来不懂规划自己的职业生涯，这里能找到很好的平台。二是做新员工的职业生涯要告诉他们要一步一个台阶，如何做到主管、经理。三是介绍企业文化：客户赞许、社会依恋、客户认可。在企业中塑造家庭氛围，让新员工在快乐、平等、竞争氛围中融入企业，告诉其如果有能力就能创造价值。	C1-1 新员工见面 C1-2 规划职业生涯 C1-3 企业文化 C1-4 家庭氛围 C1-5 能力创造价值

续表

原始访谈资料	开放性编码（初始概念）
4-3-1：与企业共同发展的员工在企业的比例高，则企业的整体效益好，企业找的人要具备： （1）有抗压能力。 （2）有感恩精神、会做人。 （3）沉下心来专心做事，对成功追求不短视。 （4）有工作激情、正能量阳光、健康。 8-3-1：企业注重员工的技能，光会说不会做不行，实际操作能力靠锻炼，只会干不会学也不行。会学不动手不行，要边干边学。还要求员工先做人、后做事。	D1-1 共同发展 D1-2 整体效益好 D1-3 抗压能力 D1-4 感恩精神 D1-5 沉下心来专心做事
1-4-1：学校授课内容高、大、上，专业是哪个热门上哪个。 2-4-1：理论与实践脱节，课程设置是否合理，要把科研的成果转化到企业实践中来，实践应用型为导向编写教材。 4-4-1：减少理论学习，把部分课程变成职业培训课，增加德育分（迟到、旷课要扣除），做出几个模块供学生选择。	E1-1 授课内容高大上 E1-2 上热门专业 E2-1 理论与实践脱节 E2-2 科研成果转化 E2-3 实践应用型为导向
1-5-1：大学阶段是什么，想做什么很关键，加强职业道德培训，要把企业对员工的要求跟学生讲清楚。 3-5-1：统一学生的人生观、价值观、道德观非常重要，对符合企业标准的人才开设绿色通道。如果职业道德缺失，员工90%会流失。 4-5-1：如何与学生沟通，个人品性的塑造能做什么工作。课程改革尽量少设课，情商是智商发展的基础条件。 5-5-1：学会感恩父母、学校和教师，提高对社会的责任感。 6-5-1：塑造学生的就业观念，父母、学校的引导很重要。 8-5-1：百色学院学生缺乏创业精神，没有一出来就创业，根据调查：在建筑行业当老板的没有一个是百色学院的学生。	F1-1 想做什么很关键 F1-2 加强职业道德培训 F1-3 企业对员工的要求 F2-1 三观非常重要 F2-2 人才绿色通道 F2-3 员工流失

续表

原始访谈资料	开放性编码（初始概念）
3-6-1：进一步提高双师型队伍建设。 5-6-1：提高教师的教学水平，对学生知识掌握力度有一套自己的方法……	G1-1 双师型队伍 G2-1 提高教学水平 G2-2 学生知识掌握力度
5-6-2：引企入校能有效解决企业场地不足的问题，把校中企建成为企业强有力支撑的事业部。同时可以培养急需人才进一步提高百院知名度。 而企业员工能成为高校的外聘教师也很有自豪感，以知名大学为依托。	H1-1 引企入校 H1-2 校中企 H1-3 提高知名度 H1-4 外聘教师也很有自豪感
1-7-1：学生对建筑行业的理念：丢面子 4-7-1：学生家庭环境越优越到工作岗位上越难适应，招聘时会关注其跳槽的次数，跳槽越多越难得到重用。学生的要求比较高，所想的与社会严重脱节，所以造成学生难以适应社会，心理浮躁、抗压能力非常弱 5-7-1：学生理论强，动手能力弱。 6-7-1：要改变学生择业观念，学生善于通过网络所获取的信息来直接给企业做定位，农村大学生要好很多。 7-7-1：浮躁是社会的原因，必须做好入职教育。 8-7-1：校企协同育人，特别是建筑公司用人难，要找特别能吃苦耐劳的人，要找乡下出来的能干的人，要懂得做人。	I1-1 丢面子 I2-1 学生家庭环境 I2-2 关注其跳槽次数 I2-3 与社会脱节 I2-4 难以适应社会 I2-5 心理浮躁 I2-6 抗压能力非常弱 I3-1 理论强 I3-2 动手能力弱
9-1-1：家里有事，爷爷重病了过年那会就住院了，但是我在厦门实习，中间几度病危一直都没有回来看过他，但是跟学校有签订协议，不可能违反约定在将近结束的中途放弃然后跑回来，所以到了实习期结束就回来了，因而没有留下来工作，现在我也是在家里工作，因为情况不允许我去远的地方工作。 9-1-2：对于我个人来说，工作上说辛苦也不算很辛苦，生活中跟同学同事之间相处也很融洽，我是觉得没什么大问题的。 10-1-1：要弄牙齿，过完年才能拆开牙套，现在只能待在钦州。就是服务员太少，我们吼不住，流动性太大了。 11-1-1：厦门离广西太远了。父母觉得不方便见面。回一次家太不容易了，而且厦门没有亲戚朋友。最大的问题应该是十一个月都重复做着同一件事，忍受了所有的节假日都在上班，过节那会挺心酸的。 12-1-1：太远了。 13-1-1：我什么问题都没有。 14-1-1：太远了，不敢考虑留下，不知道自己能做什么，瞎找，实习回来后就不想做服务员了，工资不高，最主要是过年过节不能回家，做习惯了也不觉得累。	J1-1 离家太远 J1-2 当地没有亲戚朋友 J1-3 重复做同一件事情 J1-4 节假日上班 J1-5 过节挺心酸 J2-1 不知道自己能做什么 J2-2 工资不高 J2-3 习惯就不累

续表

原始访谈资料	开放性编码（初始概念）
9-2-1：我这个人要求不高，比较随遇而安，没有什么不满意的，我觉得都挺好的。我说的这些，仅仅是我个人的想法，其他的我就不清楚了。 10-2-1：我觉得，班次太固定了，其他人还好，但是有几个人的班次都是固定的，一年都不变，其他没有了。 11-2-1：首先站着很辛苦，特别是连续8个小时的班次。客人有时候无理取闹。 13-2-1：就是工资太低了，同学们都特别努力工作，所以感觉有点不平等。 14-2-1：好的啊！吃得好，酒店风景好。	K1-1 班次太固定 K1-2 一年都不变 K2-1 站着辛苦 K2-2 连续8小时 K2-3 客人无理取闹 K3-1 工资太低 K3-2 感觉有点不平等
9-3-1：这个就要问鹭江了，我也不清楚，工作中遇到各种各样的客人，也让我学会了怎么跟各种各样的人沟通相处，在鹭江工作，工作环境也很不错。其实我真的要感谢学校、感谢鹭江，通过一年的工作，我真的学到了很多。 10-3-1：我们服务员哪有什么创新？我们只能用自己最好的状态去服务客人。 11-3-1：说不上为鹭江做了什么很大的贡献，就是自己也体验到工作的不容易，以及应对不同客人学会随机应变，每天也都在坚持这个实习。 13-3-1：首先鹭江观海厅这个大家庭能把每个人我行我素的思想改变为像一家人一样团结，从而通过大家的齐心协力把每天的工作完美地完成，在鹭江我还起到了一个引导作用，在人多或者关键时刻，就算没有领导在场，我自己也会通过个人的特征去安排他们工作，可以应付得过来。 14-3-1：有是有，改变就是人变得有礼貌了吧。其他的都还好。	L1-1 与人相处沟通 L1-2 工作环境不错 L1-3 感谢学校和企业 L1-4 真的学到了很多 L2-1 体验到工作的不容易 L2-2 学会随机应变 L2-3 坚持这个实习 L3-1 我行我素的思想改变为一家人一样团结 L3-2 齐心协力把每天的工作完美地完成 L3-3 通过个人的特征去安排他们工作
9-4-1：很关心我们，而且酒店或者部门还不定期地组织活动，丰富我们的业余生活。 11-4-1：可以的！平主任就很好的，公平对待。工作中不懂的问题她们都热心解答，比较关照我们实习生，毕竟我们是餐饮部的主力军。 12-4-1：很好说话啊，领班请假不好请……	M1-1 很关心我们 M1-2 丰富我们的业余生活 M2-1 公平对待 M2-2 她们都热心解答 M2-3 比较关照我们实习生 M3-1 很好说话

续表

原始访谈资料	开放性编码（初始概念）
10-4-1：不管是同事还是领导，对我们都很好，很亲切，对我们也很包容。一些常客，每次去吃饭，基本上都是我服务的，所以他们会记得我，我觉得很正常。 13-4-1：他们都很友好，首先如果你做得不好挨说挨骂是肯定的，但是酒店会给你改过的机会，所以××酒店适合有理想的人。工作给了我很大的动力，每天都接触到很多优秀的人，所以你只想变得优秀起来。	N1-1 很好很亲切 N1-2 常去的客人会记得我 N2-1 都很友好 N2-2 给你改过的机会 N2-3 适合有理想的人 N2-4 只想变得优秀起来
10-3-2：最好的状态就是自己以最诚恳的心、最好的服务态度去服务。当我用自己最好的，最细心的服务去服务客人时，客人才会感觉得到我们对他们的用心，客人开心，偶尔的一句表扬，我觉得就是对我服务的认可。也许现在还会有客人问那些学弟学妹们去哪里了，鹭江给我的感觉真的很好。 13-3-1：当然，我也会观察领导们的工作安排之类的，而我的要求是在他们不在的时候才能发挥的。我的工作效率比较高，动作也比较快，所以每一次都是看时间地点安排的，在鹭江我没有固定区域工作，同样的工作，我一个人可以顶两到三个，还有只要是被我教过的实习生都把自己的工作完成得很好，而且在工作上无论相对于哪种客人我都很有说服力等。 13-3-2：说到这里，我自己也改变了不少，看问题都会从各个方面来考虑，也把在学校学到的知识应用到生活中去，所以我决定要继续回学校升本，我想要学更多的知识，想考我要考的证书，想把我的英语学得更好。	O1-1 自己以最诚恳的心，最好的服务态度去服务 O1-2 服务的认可 O1-3 给我的感觉真的很好 O2-1 不在的时候才能发挥 O2-2 工作效率比较高 O2-3 动作比较快 O2-4 一个顶两到三个 O3-1 自己也改变了不少 O3-2 学校学到的知识应用到生活中
9-5-1：酒店这个行业从整体看，代表着一个地区的社会政治、经济、文化、文明发展水平，是社会发展的晴雨表；从自身个体看，是我个人认识社会、了解社会、融入社会的有利契机，更是锤炼自身素质的平台。 10-5-1：我觉得酒店行业发展潜力还是蛮大的，而且现在酒店越来越多，也是缺乏人才的时候，人才流动量大，酒店对人才的需求量就会越来越大，作为酒店管理的学生，当我们出去工作的时候，根本不用担心找不到工作，只能说你找不到你理想的工作。不过我觉得，工作经验还是最重要的。	P1-1 社会发展的晴雨表 P1-2 有利契机 P1-3 锤炼自身素质的平台 P2-1 酒店行业发展潜力大 P2-2 人才流动量大，人才的需求量大 P2-3 找不到你理想的工作 P2-4 工作经验最重要

续表

原始访谈资料	开放性编码（初始概念）
10-5-2：最理想的工作是工资高、工作量少、又不辛苦的那种，但是这种工作根本就没有。要想工作好、工资高，就要不断积累经验，工作经验才是最重要的。 10-5-3：这一年的工作经验远远不够，在处理事情上的经验不够，这些都是要我们去学习去积累的，如果实在处理不了，我们再去求助领导。 10-5-4：有什么事情处理经验不够？比如说菜品有问题，我们服务员是第一个和客人接触的，客人发现菜品有问题了，基本上第一时间找的就是我们服务员，那么，我们要怎么去和客人沟通，怎么去处理这个问题，这个就是我们服务员知道要怎么处理的。我刚慢慢学会怎么处理，我们就要离开了，我觉得这是我的遗憾。其实不只是菜品问题，客人的投诉这些等，很多东西是要我们去学去积累的。	Q1-1 最理想的工作根本没有 Q1-2 就要不断积累经验 Q2-1 处理事情上的经验不够 Q2-2 去学习去积累 Q3-1 我们要怎么去和客人沟通 Q3-2 怎么去处理这个问题
13-5-1：我觉得未来酒店业是一个很有发展潜力的行业，而且在这行业也不要求有很高的知识水平的人去做，管理能力稍微强的人都可以做得很好，所以一般的人和只要肯吃苦肯努力的人都可以做得很好。 9-6-1：我现在就是在酒店工作，之前在鹭江没有接触到前台这个岗位，所以我现在实习结束之后，找的也是酒店的工作，只是现在的工作是酒店前台接待。 9-6-2：为什么会选择这个岗位？因为我觉得接触不同的岗位可以让我更加去深入地了解这个行业。 10-6-1：做吧！因为学的是酒店管理，也有一点经验，做起来会比较上手，做其他的，一窍不通。对啊！但是工作相对来说还是比较稳定的，如果肯坚持的话。 13-6-1：我不打算做这个行业，我就是想在社会上学得多一点的技巧，所以才不浪费时间认真地学而已，也许对我以后的工作也是一种帮助呢。	R1-1 有发展潜力的行业 R1-2 只要肯吃苦肯努力的人都可以做得很好 R2-1 现在的工作是酒店前台接待 R3-1 做起来会比较上手 R3-2 肯坚持的话

续表

原始访谈资料	开放性编码（初始概念）
9-7-1：没有什么建议。 10-7-1：我觉得还是要多让学生实际操作，这样订单班去实习的时候就不会很茫然，像我们去的时候，啥都不懂，感觉课本上的和实际操作相差好大。用心学，上手就快，但是，你也要碰到一个好的师傅才行，不是师傅什么都不告诉你，你一人毫无头绪地摸索也不行，还要懂得观察，主动去学，一般师傅们只会和你说一两遍，我也是带了两批实习生的人了。	S1-1 多让学生实际操作 S1-2 课本上的和实际操作相差好大 S1-3 要碰到一个好的师傅才行 S1-4 要懂得观察，主动去学
13-7-1：关于订单班，我个人觉得实习期过长了，大概10个月已经非常足够，还有工资方面希望提高一点，像我们实习生每个人每天都很努力工作都没有偷懒，做得比老员工好好几倍，但是工资别人却是我们的差不多两倍，在中餐厅观海茶座工作的同学是最辛苦，每天还要晒太阳，其他的福利都非常好。在社会上工作就没有所谓的公平，几乎所有的好事之类的都是内定的，所以有些学弟学妹们会感觉到不公平，其实这些可以告诉他们，一个实习生你是不管别人做什么说什么，只要自己是做好了光明正大的就好了，去实习不是为了争抢什么，而是看自己学到了什么，首先心态要调整好才行，只要你做得足够好，有一天你会自己用到有用的地方。	T1-1 实习期过长 T1-2 工资方面希望提高一点 T1-3 其他的福利都非常好 T1-4 光明正大 T1-5 心态要调整好 T1-6 你会自己用到有用的地方
9-8-1：我不会。我也说不清楚为什么，但是我那时候真的没有想过提前回家。也不是这样说，兴奋肯定是有的，也有第一次正式工作的兴奋。 10-8-1：我想的是，大老远跑来了，不做点什么好像说不过去，而且跑回来还要再找，懒得去找，就一直坚持下来了。其实，当你习惯了，你会发现时间过得很快，我就是这么觉得的。 10-8-2：应该给学弟学妹讲讲：老师，其实学妹到厦门的那个晚上，我就和那帮学妹简单讲过了，我觉得，如果他们能坚持下来，那是很不错的选择。挺怀念在鹭江的日子。	U1-1 没有想过提前回家 U1-2 第一次正式工作的兴奋 U2-1 不做点什么好像说不过去 U2-2 就一直坚持下来 U2-3 当你习惯了，你会发现时间过得很快

续表

原始访谈资料	开放性编码（初始概念）
13-8-1：不会，还是会坚持下来，世界上本来就没有什么比坚持更难的事，我没有后悔，因为收获的远远比我想象的要多。 13-8-2：那本科毕业后会到厦门发展吗？有这个想法，就应该多往大城市去发展。 13-8-3：年轻就应该出去闯闯。对啊不逼自己一把怎么就知道自己有多优秀呢？既然决定了，就会一直往前走，虽然苦，但是我都已经做好准备了。以前一直在学校除了学习就没有什么了，现在出来了才知道还要做很多很多。 13-8-4：看来出去实习是非常必要的。嗯嗯，还有选的地方也要对，最好是借用这个实习期。 13-8-5：其他酒店应该也不差吧，深圳、厦门都挺不错的，不过最火的是鹭江我们没有来错。 13-8-6：看来到第一个工作单位的满意度很棒哦！呵呵，也算是一个好的开始吧，不过这些都归功于老师们的功劳，如果是我们自己也不会找到这么好的单位实习，任何事都要认真去做才行。	V1-1 世界上本来就没有什么比坚持更难的事 V1-2 收获的远远比我想象的要多 V2-1 我们没有来错 V3-1 都归功于老师们的功劳 V4-1 任何事都要认真去做才行

附录 B

亲爱的同学：

您好！我们正在开展校企合作联合培养创新型人才的研究，旨在了解和把握学校和企业合作培养学生创造力的影响因素，进一步提高创新型人才的培养质量和提升学生的创造力。非常感谢您在百忙之中填写本问卷。

一、请表明您在多大程度上同意关于您所在学校情况的描述，选择最能反映您真实感受的答案，打"√"。

非常不同意	不同意	不太确定	同意	非常同意			
1	2	3	4	5			

1	学校优先为我所在的企业推荐毕业生	1	2	3	4	5	
2	学校帮助我所在的企业解决技术工艺问题	1	2	3	4	5	
3	学校为我所在的企业提供员工培训服务	1	2	3	4	5	
4	学校为我所在的企业提供教学案例并为其制定发展战略	1	2	3	4	5	
5	学校按照我所在企业的需求培养订单式人才	1	2	3	4	5	
6	学校为我所在的企业提供新的生产经营理念	1	2	3	4	5	
7	学校课程中的教学（实训）内容来自企业真实案例	1	2	3	4	5	
8	学校安排专门的老师指导我们实习	1	2	3	4	5	

二、请表明您在多大程度上同意关于您所在校企合作企业情况的描述，选择最能反映您真实感受的答案，打"√"（如果参与多家企业，"我所在的企业"

指的是您最认可的校企合作项目所属企业）。

非常不同意 1	不同意 2	不太确定 3	同意 4	非常同意 5			
9	我所在的企业参与了学校的课程建设		1	2	3	4	5
10	我所在的企业为学校提供实训设备		1	2	3	4	5
11	我所在的企业善于总结生产过程中的实践经验或案例并放到学校的教学中		1	2	3	4	5
12	我所在的企业为学校提供新的教学理念		1	2	3	4	5
13	我所在企业的专家在学校担任兼职教师或开讲座		1	2	3	4	5
14	我所在企业有专家到学校为学生做职业生涯规划		1	2	3	4	5
15	我所在的企业安排的导师水平很高		1	2	3	4	5
16	我所在的企业希望把该企业用人需求类型定制到学校的整个人才培养过程中		1	2	3	4	5
17	我所在的企业不断更新我的创新理念以便跟上企业发展的步伐		1	2	3	4	5
18	我所在的企业能为学校带来很多新的资源		1	2	3	4	5

三、请表明您在多大程度上同意以下关于校企合作组织创新鼓励的描述，从右边的五个选项中，选择最能反映您真实感受的答案，打"√"。

非常不同意 1	不同意 2	不太确定 3	同意 4	非常同意 5			
19	学校或校方合作企业，重视人力资源，鼓励创新思考		1	2	3	4	5
20	学校或校方合作企业，上下级意见交流沟通顺畅		1	2	3	4	5
21	学校或校方合作企业，能够提供条件以鼓励产生创新的构想		1	2	3	4	5
22	学校或校方合作企业，鼓励尝试和从错误中学习		1	2	3	4	5
23	学校或校方合作企业，崇尚自由开放与创新变革		1	2	3	4	5
24	学校老师或企业主管，能够尊重和支持我在工作上的创意		1	2	3	4	5
25	学校老师或企业主管，拥有良好的沟通协调能力		1	2	3	4	5
26	学校老师或企业主管，能够尊重不同的意见与建议		1	2	3	4	5
27	学校老师或企业主管，能够信任我，适当授权		1	2	3	4	5

续表

		非常不同意	不同意	不太确定	同意	非常同意				
		1	2	3	4	5				
28	学校老师或企业主管,以身作则,是一个良好的工作典范					1	2	3	4	5
29	我的工作伙伴和团队成员(学校老师、企业人员或同学)有良好的共识					1	2	3	4	5
30	我的工作伙伴和团队成员(学校老师、企业人员或同学)有一致的目标					1	2	3	4	5
31	我的工作伙伴和团队成员(学校老师、企业人员或同学)能够相互支持与协助					1	2	3	4	5
32	我的工作伙伴和团队成员(学校老师、企业人员或同学)能够多方讨论、交换心得					1	2	3	4	5
33	我的工作伙伴和团队成员(学校老师、企业人员或同学)能以沟通协调来化解问题和冲突					1	2	3	4	5

四、请表明您在多大程度上同意以下关于校企合作中您本人情况的描述,从右边的五个选项中,选择最能反映您真实感受的答案,打"√"。

		非常不同意	不同意	不太确定	同意	非常同意				
		1	2	3	4	5				
34	参加校企合作后,我更能想到新颖又实用的方法来改善工作绩效					1	2	3	4	5
35	参加校企合作后,我更能够主动寻找新的工作方法、工作程序					1	2	3	4	5
36	参加校企合作后,我有更多创新的想法					1	2	3	4	5
37	参加校企合作后,我更能够把自己的新想法介绍给他人					1	2	3	4	5
38	参加校企合作后,我更能把握机会将创意用在工作上					1	2	3	4	5
39	参加校企合作后,我更能够制订计划实施自己的新想法					1	2	3	4	5
40	参加校企合作后,我经常提出新的实施工作任务的方案					1	2	3	4	5
41	参加校企合作后,我更能够用新方法解决问题					1	2	3	4	5
42	参加校企合作后,我更能够为完成工作任务提出新方法					1	2	3	4	5
43	参加校企合作后,我更能够将我的新想法付之实施					1	2	3	4	5
44	参加校企合作后,我更能提出新方法来改善工作质量					1	2	3	4	5

五、个人和企业基本信息，请在横线上填写答案，或从备选答案中选择最符合情况的一个选项，打"√"。

45. 您的专业：

（1）□文史类（经济管理类、教育类、管理科学工程类、中文类、外语类等）

（2）□理科类（信息技术、计算机应用等）

（3）□工科类（汽车维修、电子技术、印刷技术、生物技术等）

（4）□农学类（农产品种植、水产品养殖等）

（5）□医学类（临床医学、护理学等）

46. 您的年级：

（1）□三年制大专第一年　　　（2）□三年制大专第二年

（3）□三年制大专第三年　　　（4）□四年制本科第一年

（5）□四年制本科第二年　　　（6）□四年制本科第三年

（7）□四年制本科第四年

47. 您的性别：

□男　　　　　　　　　　　　□女

48. 您父母月收入合计情况：

（1）□1000 元以下　　　　　（2）□1000～3000 元

（3）□3000～5000 元　　　　（4）□5000～8000 元

（5）□8000～10000 元　　　（6）□10000～15000 元

（7）□15000～20000 元　　　（8）□20000 元以上

49. 您上大学前的居住所在地：

（1）□地级市（城）区　　　　（2）□城乡结合部

（3）□县（镇）域　　　　　　（4）□农村或边远山区

（5）□其他_____

50. 您参与校企合作的形式是：（请选择其中对您影响最大的一种校企合作形式）

(1) □到企业中毕业实习 　　(2) □课程实习

(3) □在学校内完成企业提供的项目 (4) □校企联合授课培养

(5) □订单班 　　(6) 其他_____

51. 您累计参与校企合作的时间为：

(1) □1 个月内 　　(2) □1~3 个月

(3) □4~6 个月 　　(4) □6~9 个月

(5) □9 个月以上

52. 您所在的校企合作企业和学校的合作时间为：

(1) □1 年内 　　(2) □1~3 年

(3) □3~5 年 　　(4) □5 年以上

(5) □不清楚

53. 您所在的校企合作企业的规模为：

(1) □100 人以下 　　(2) □100~500 人

(3) □500~1000 人 　　(4) □1000~2000 人

(5) □2000 人以上

54. 您在校企合作企业的部门工作：

(1) □技术或研发 　　(2) □销售与市场

(3) □生产制造与运作 　　(4) □设计部门

(5) □人力资源部 　　(6) □客户服务

(7) 其他_____

55. 您所在的校企合作企业的性质：

(1) □国有企业 　　(2) □私营企业

(3) □外资企业 　　(4) □中外合作企业

(5) □其他_____

56. 您所在校企合作企业产业类型：

(1) □高科技产业 　　(2) □制造业

(3) □服务业 　　(4) □其他_____

参考文献

安索夫. 新公司战略［M］. 成都：西南财经大学出版社，2009.

巴纳德. 经理人员的职能［M］. 北京：中国社会科学出版社，1997.

陈劲，朱学彦. 学术型创业家与企业绩效关系研究［J］. 中国软科学，2006（4）：124－129.

陈劲，阳银娟. 协同创新的理论基础与内涵［J］. 科学学研究，2012，30（2）：161－164.

陈劲. 新形势下产学研战略联盟创新与发展研究［M］. 北京：中国人民大学出版社，2009.

陈威豪. 创造与创新氛围主要测量工具述评［J］. 中国软科学，2006，7（4）：86－95.

陈晓. 组织创新氛围影响员工创造力的过程模型研究［D］. 浙江大学博士学位论文，2006.

常峰，余丽丽，熊莎莉. 大学生出勤行为研究——基于计划行为理论模型构建及干预实验设计［J］. 现代商贸工业，2013（4）：145－146.

程培堽，顾金峰. 校企合作的企业决策模型——基于成本和收益的理论分析［J］. 高教探索，2012（5）：117－123.

段素菊，庄曼丽，董新稳. 企业参与职业教育：现状、问题与对策——基于对北京部分大型企业的调查分析［J］. 中国职业技术教育，2012（3）：22－26.

董馨,吴薇,王奕衡.基于协同创新理念的校企合作模式研究[J].国家教育行政学院学报,2014(7):59-63.

丁金昌,童卫军.关于高职教育推进"校企合作、工学结合"的再认识[J].高等教育研究,2008(6):49-55.

方木,赵芳.熊彼特的创新理论[J].党政干部学刊,1999(1):30-37.

方华.迈克尔·波特《竞争优势》研评[M].北京:对外经济贸易大学,2005.

冯燕芳.高职院校实践教学评价指标体系研究[J].职业技术教育,2012,33(8):34-36.

傅世侠,罗玲玲.建构科技团体创造力评估模型[J].辽宁省哲学社会科学获奖成果汇编(2005~2006年),2005(1):34-44.

樊景立,梁建.理论构念的测量[M].北京:北京大学出版社,2008.

顾远东,彭纪生.组织创新氛围对员工创新行为的影响:创新自我效能感的中介作用[J].南开管理评论,2010,13(1):30-41.

郭桂梅,段兴民.变革型领导行为与创造性:内在动机和创造性工作氛围的中介作用——针对中国企业管理实践的分析[J].科学学与科学技术管理,2008,29(3):189-196.

国务院关于大力发展职业教育的决定[J].中国职业技术教育,2005(6):43-46.

国家中长期教育改革和发展规划纲要(2010~2020年)[J].中国高等教育,2010(4):13-37.

关于大力推进职业教育改革与发展的决定[J].四川劳动保障,2002(11).

关于加快发展现代职业教育的决定[J].四川劳动保障,2014(7):44-47.

洪贞银.高等职业教育校企深度合作的若干问题及其思考[J].高等教育研究,2010(3):58-63.

洪燕云,何庆. 创造学 [M]. 北京:清华大学出版社,2009.

韩伯棠,于丽娟. 企业竞争力的多方位塑造 [J]. 北京理工大学学报(社会科学版),2003,5(1):79-80.

韩翼,杨百寅. 真实型领导、心理资本与员工创新行为:领导成员交换的调节作用 [J]. 管理世界,2011(12):78-86.

黄亚妮. 高职教育校企合作模式初探 [J]. 教育发展研究,2006(10):68-73.

黄亚妮. 高职教育校企合作模式的比较研究 [J]. 职业技术教育,2004,25(28):15-18.

黄陈冲. 校企联盟:我国产学合作组织的创新模式研究 [D]. 浙江大学博士学位论文,2007.

黄金丹. 基于PBL的高校工科人才培养机制研究 [D]. 浙江大学博士学位论文,2008.

黄景容. 解读校企合作. 中国培训,2007(1):56-56.

霍丽娟,刘新起,李虎斌. 企业参与校企合作的意愿调查与分析——以河北省企业为例 [J]. 职业技术教育,2009,30(34):35-39.

哈肯. 协同学:大自然构成的奥秘 [M]. 上海:上海译文出版社,2005.

今井贤一,伊丹敬之,小池和男. 内部组织的经济学 [M]. 北京:三联书店,2004.

季缃绮. 企业集团与集团高职院校协同发展机制研究 [D]. 天津大学博士学位论文,2010.

金薇. 职业学校校企合作的模式、问题与对策 [D]. 苏州大学博士学位论文,2008.

简. 对话培训法 [M]. 北京:教育科学出版社,2009.

姜丽华. 论学生创新能力的培养 [D]. 华东师范大学博士学位论文,2007.

蒋茂东. 高校和企业合作培养人才研究 [D]. 河海大学博士学位论文,2004.

孔德议,许安心.组织创新氛围对员工创造力的影响研究[J].福建农林大学学报(哲学社会科学版),2015,18(3):71-76.

梁义.校企合作是职业技术教育发展的一条新路——木兰学校联合办学纪实与思考[J].中国职业技术教育,1994(2):18-20.

刘晓明,杨如顺.高职校企合作的现状、问题及模式选择[J].职教论坛,2003(14):30-31.

刘巧芝.大学生创新素质的综合评价与分析[J].中国青年研究,2011,3(9):35-40.

李良明.基于协同理论的共享型校企合作信息平台建设研究[J].现代工业经济和信息化,2015,5(11):90-91.

李良成.影响新建科技企业绩效的因素研究——基于广州地区留学回国人员的创业[D].暨南大学博士学位论文,2006.

李伯耿,陈丰秋,陈纪忠.以创新创业型人才培养为核心打造专业新特色[J].高等工程教育研究,2011(3):97-99.

李霞.结构洞视角下校企合作中介服务机构的发展与培育[J].教育理论与实践,2015(12):9-16.

刘春生,柴彦辉.德国与日本企业参与职业教育态度的变迁及对我国产教结合的启示[J].比较教育研究,2005,26(7):73-78.

刘云,石金涛.组织创新气氛对员工创新行为的影响过程研究——基于心理授权的中介效应分析[J].中国软科学,2010(3):133-144.

刘胜,张兰勇,田凯,陈明杰,潘强.高校产学研协同创新体系研究[J].科技信息,2013(13):176.

刘军.管理研究方法:原理与应用[M].北京:中国人民大学出版社,2008.

李健,俞会新.企业人力资本投资对企业绩效的影响:一个文献综述[J].中国人力资源开发,2015(13):28-34.

路风.自主创新需要勇气[J].决策与信息,2006(6):15-19.

刘效广，王艳平，李倩．创新氛围对员工创造力影响的多水平分析［J］．管理评论，2010，22（8）：84－89．

连欣，杨百寅，马月婷．组织创新氛围对员工创新行为影响研究［J］．管理学报，2013，10（7）：985－992．

李进．高职校企合作运作的思路和实践［J］．中国高教研究，2004（1）：37－39．

刘喆．基于TPB和TAM模型的教师信息化教学行为［J］．现代教育技术，2017，27（3）：78－84．

吕丽峰，杨涛杰．内在激励、外在激励及其有效利用［J］．湖北经济学院学报（人文社会科学版），2005，2（7）：22－23．

李信萤．个人创造力，组织创新气候与创新绩效相关之研究［D］．台湾中央大学企业管理研究所硕士学位论文，2002．

马成荣．校企合作模式研究［J］．教育与职业，2007（23）：8－10．

毛世佩．人际和谐倾向，分配公平倾向对个人创新行为影响研究［D］．浙江大学硕士学位论文，2008．

马奇．马奇论管理［M］．上海：东方出版社，2010．

马克思，恩格斯．马克思恩格斯选集（第1卷）［M］．北京：人民出版社，1995．

马克思，恩格斯．马克思恩格斯选集（第3卷）［M］．北京：人民出版社，1995．

马克思，恩格斯．马克思恩格斯选集（第4卷）［M］．北京：人民出版社，1995．

马克思，恩格斯．马克思恩格斯选集（第32卷）［M］．北京：人民出版社，2002．

马克思，恩格斯．马克思恩格斯选集（第42卷）［M］．北京：人民出版社，1979．

马克思，恩格斯．马克思恩格斯选集（第30卷）［M］．北京：人民出版社，

1995.

麦肯锡. 网购的土豪们 [J]. IT 经理世界, 2016 (13): 6-7.

钱德勒. 战略与结构 [M]. 昆明: 云南人民出版社, 2002.

邱皓政, 陈燕祯, 林碧芳. 组织创新气氛量表的发展与信效度衡鉴 [J]. 测验学刊, 2009, 56 (1): 69-97.

邱璐轶. 高职校企合作的影响因素分析 [J]. 教育探索, 2011 (4): 156-157.

权月彤. 学校组织创新气氛, 教师创造动机与教师创造力的关系 [D]. 山东师范大学硕士学位论文, 2008.

施月丹. 科技活动人员的全面报酬、工作动机和创造力的作用关系研究 [D]. 武汉大学博士学位论文, 2009.

苏红玲. 组织内工作伙伴支持影响员工创造力的过程模型研究 [D]. 浙江大学博士学位论文, 2008.

孙琳. 产教结合: 职业教育发展新途径探索 [M]. 北京: 高等教育出版社, 2003.

孙伟宏. 探索校企合作模式培养优秀技能人才 [J]. 教育发展研究, 2006, 26 (7): 23-25.

孙国强. 关系、互动与协同: 网络组织的治理逻辑 [J]. 中国工业经济, 2003 (11): 14-20.

石伟平, 徐国庆. 世界职业教育体系比较研究 [J]. 职业技术教育, 2004, 25 (1): 18-21.

汤勇. 校企协同人才培养: 校企合作人才培养的新思路 [J]. 黑龙江教育 (高教研究与评估版), 2015 (9): 72-75.

唐杰. 中国经济转型与动态竞争创新发展. 开放导报, 2016 (3): 49-52.

王佳, 翁默斯, 吕旭峰. 斯坦福大学 2025 计划: 创业教育新图景 [J]. 世界教育信息, 2016 (10): 20-27.

王雁. 创业型大学: 美国研究型大学模式变革的研究 [D]. 浙江大学博士

学位论文，2006.

王端旭，洪雁．组织氛围影响员工创造力的中介机制研究［J］．浙江大学学报（人文社会科学版），2011，41（2）：77-83.

王怡然，李爱燕．雇主学徒制津贴：英国吸引企业参与学徒制的新举措［J］．职业技术教育，2015（22）：66-71.

王雁飞，朱瑜．组织创新气氛的研究进展与展望［J］．心理科学进展，2006，14（3）：443-449.

王玮．发展我国产学研合作教育的探索［D］．武汉理工大学博士学位论文，2002.

温忠麟，张雷，侯杰泰，刘红云．中介效应检验程序及其应用［J］．心理学报，2004，36（5）：614-620.

习近平．习近平论治国理政［M］．北京：外文出版社，2014.

习近平．在庆祝中国共产党成立95周年大会上的讲话［M］．北京：人民出版社，2016.

薛玉品．个人创新的影响因素分析：从创造力人格，主管领导形态与组织创新环境的观点探讨［D］．厦门大学博士学位论文，2007.

许湘岳，邓峰．创新创业教程［M］．北京：人民出版社，2011.

肖香龙．基于协同理论的多元平台校企协同发展研究［J］．现代教育管理，2014（1）：39-42.

夏亚莉．校企合作委员会［D］．华东师范大学博士学位论文，2008.

许学国，尤建新，彭正龙．组织协同学习模型研究［J］．工业工程与管理，2006，11（1）：14-17.

许小年．传统行业创新仍大有可为［J］．中国经济信息，2016（22）：18-19.

徐小英．校企合作教育对技能型人才创造力的影响研究［D］．武汉大学博士学位论文，2011.

谢家琳．实地研究中的问卷调查法［J］//陈晓萍，徐淑英，樊景立．组织与管理研究的实证方法,2008(4):161-177.

余晓.面向产业需求的工程实践能力开发研究[D].浙江大学博士学位论文,2012.

余雅风,郑晓齐.合作创新中企业知识学习行为的制度化研究[J].科研管理,2002,23(5):88-92.

杨思帆.当代印度高校与高技术产业的联结研究[D].西南大学博士学位论文,2010.

杨洁.组织创新鼓励对员工创造力的影响:角色认同和效能信念的中介作用[D].南京大学博士学位论文,2011.

杨国枢,文崇一,吴聪贤,李亦园.社会及行为科学研究法[M].重庆:重庆大学出版社,2006.

余祖光.职业教育校企合作的机制研究[J].中国职业技术教育,2009(4):62-63.

叶伟巍,梅亮,李文,王翠霞,张国平.协同创新的动态机制与激励政策——基于复杂系统理论视角[J].管理世界,2014(6):67-78.

中共中央文献研究室.习近平关于科技创新论述摘编[M].北京:中央文献出版社,2016.

张似阳.应用技术大学创新型人才培养模式探讨[J].文教资料,2016(3):109-110.

张志强.校企合作存在的问题与对策研究[J].中国职业技术教育,2012(4):62-66.

张秉钊.校企合作"订单式"人才培养模式的实践探索[J].高教探索,2005(4):72-74.

张利庠,杨希.企业参与校企合作职业教育影响因素的实证研究[J].中国职业技术教育,2008(33):56-59.

张立阳,尚鹏礼.应用型本科高校创新人才培养机制研究——以河北美术学院为例[J].人才资源开发,2016(3):82-83.

《中国人力资源开发》编辑部与中国惠普大学联合课题组. 校企合作解决招人难、就业难问题——惠普服务外包学院的实践经验 [J]. 中国人力资源开发, 2015（4）: 40 - 42.

张明艳, 孙晓飞. 协同创新理论与校企合作实践研究 [J]. 金融教学与研究, 2013（3）: 74 - 77.

张文红, 张骁, 翁智明. 制造企业如何获得服务创新的知识 [J]. 管理世界, 2010（10）: 58 - 67.

张炜. 创业学 [M]. 杭州: 浙江大学出版社, 2011.

赵月桃. 高职高专院校产学合作教育的理论与实践研究 [D]. 天津大学博士学位论文, 2004.

张庆林. 创造性研究手册 [M]. 成都: 四川教育出版社, 2002.

张明. 勒温的力场分析对学校管理的启示 [J]. 华章（教学探索）, 2007, 12（6）: 5.

张敏. 基于计划行为理论的大学生创新过程控制策略实验研究 [J]. 西华大学学报（哲学社会科学版）, 2013（1）: 54 - 62.

郑建君, 金盛华, 马国义. 组织创新气氛的测量及其在员工创新能力与创新绩效关系中的调节效应 [J]. 心理学报, 2009, 41（12）: 1203 - 1214.

周婧诗. 组织创新气氛和心理授权对个人创新行为的影响研究 [D]. 湖南师范大学博士学位论文, 2010.

张媛必. 新世纪产学合作教育理念——由后现代主义的观点 [J]. 台湾: 学校行政月刊, 2006（46）: 145 - 158.

张杰. 社会资本影响员工创造力过程模型研究 [D]. 浙江大学博士学位论文, 2007.

Amabile, T. M. (1982). A model of creativity and innovation in organizations. Research in Organizational Behavior, 10 (1): 123 - 167.

Amabile, T. M. (1988). From individual creativity to organizational innovation. Research in Organizational Behavior, 10 (1): 89 - 118.

Amabile, T. M. , Burnside, R. & Gryskiewicz, S. S. (1995). User's guide for keys: Assessing the climate for creativity. Research in Organizational Behavior, 8 (4): 115 – 134.

Amabile, T. M. , Conti, R. , Coon H. , et al. (1996). Assessing the work environment for creativity. *Academy of Management Journal*, 39 (5): 1154 – 1184.

Amabile, T. M. (1997). Motivating creativity in organizations: On doing what you love and loving what you do. *California Management Review*, 40 (1): 39 – 58.

Amabile, T. M. , Schatzel, E. A. , Moneta, G. B. & Kramer, S. J. (2004). Leader behaviors and the work environment for creativity: Perceived leader support. *The Leadership Quarterly*, 15 (1): 5 – 32.

Authority, A. N. T. , Brisbane (2002). Annual national report of the australian vocational education and training system, 2001. *Volume* 3: *Report on the Key Performance Measures for the Australian Vocational Education and Training System*. 171 (8): 113 – 157.

Ansoff, H. I. (1957). Strategies for diversification. *Harvard Business Review*, 35 (5): 113 – 124.

Ashe, D. K. (1990). The meaning of organizations: The role of cognitions and values. *In B. Schneider* (*Ed.*), *Organizational Climate and Culture*, (12): 40 – 84.

Ajzen, I. & Fishbein, M. (1975). Belief, attitude, intention and behavior: An introduction to theory and research. Reading, MA: Addison – Wesley.

Ajzen, I. (1985). *From intentions to actions*: *A theory of planned behavior in action control*. 6, 11 – 39. Springer Berlin Heidelberg.

Andrews, J. & Smith, D. C. (1996). In search of the marketing imagination: Factors affecting the creativity of marketing programs for mature products. *Journal of Marketing Research*, 174 – 187.

Abraham, C. , Roni, R. P. & Enbal, Z. (2010). Inclusive leadership and employee involvement in creative tasks in the workplace: The mediating role of psychological safety. *Creativity Research Journal*, 22 (3): 250 - 260.

Baron, R. M. & Kenny, D. A. (1986). The moderator - mediator variable distinction in social psychological research: Conceptual, strategic, and statistical considerations. *Journal of Personality and Social Psychology*, 51 (6): 1173.

Balkin, D. B., Markman, G. D. & Gomez - Mejia, L. R. (2000). Is CEO pay in high - technology firms related to innovation? *Academy of Management Journal* (32): 1118 - 1129.

Baer, M. & Frese, M. (2003). Innovation is not enough: Climates for initiative and psychological safety, process innovations, and firm performance. *Journal of Organizational behavior*, 24 (1): 45 - 68.

Biggs, J. B. (2011). The role of metalearning in study processes. *British Journal of Educational Psychology*, 55 (3): 185 - 212.

Bransford, J. Barron B. & Pea R. D. (2005). Foundations and opportunities for an interdisciplinary science of learning. *The Cambridge Handbook of the Learning Sciences*, (28): 39 - 77.

Bandura, A. & Walters, R. H. (1977). *Social learning theory*. Harvard university Press.

Barron, F. & Harrington, D. M. (1981). Creativity, intelligence, and personality. *Annual Review of Psychology*, 32 (1): 439 - 476.

Barnard, C. I. (1968). *The Functions of the Executive* (Vol. 11). Harvard University press.

Bharadwaj, S. & Menon, A. (2000). Making innovation happen in organizations: Individual creativity mechanisms, organizational creativity mechanisms or both? *Journal of Product Innovation Management*, 17 (6): 424 - 434.

Carmeli, A., Reiter - Palmon, R. & Ziv, E. (2010). Inclusive leadership and employee involvement in creative tasks in the workplace: The mediating role of psychological safety. *Creativity Research Journal*, 22 (3): 250 - 260.

Cummings, L. (1965). Organizational climates for creativity. *Academy of Management Journal*, 8 (3): 220 – 227.

Cohen, M. D., March, J. G. & Olsen, J. P. (1972). A garbage can model of organizational choice. Administrative Science Quarterly, 1 – 25.

Cohen, W. M. & Levinthal, D. A. (1990). Absorptive capacity: A new perspective on learning and innovation. Administrative Science Quarterly, (35): 128 – 152.

Deci, E. R. & Ryan, S. C. (1985). Intrinsic motivation and self‐determination in human behavior. *New York: Plenum*.

Deci, E. L. & Ryan, R. M. (1985). The general causality orientations scale: Self‐determination in personality. *Journal of Research in Personality*, 19 (2): 109 – 134.

Etzkowitz, H. (2003). Research groups as "quasi‐firms": the invention of the entrepreneurial university. *Research Policy*, 32 (1): 109 – 121.

Ensign, P. C. & Hébert, L. (2009). Competing explanations for knowledge exchange: Technology sharing within the globally dispersed R&D of the multinational enterprise. *The Journal of High Technology Management Research*, 20 (1): 75 – 85.

Ekvall, G. (1991). The organizational culture of idea‐management: A creative climate for the management of ideas. *Managing Innovation*, (25): 73 – 79.

Edmondson, A. (1999). Psychological safety and learning behavior in work teams. *Administrative Science Quarterly*, 44 (2): 350 – 383.

Eder, P. & Eisenberger, R. (2008). Perceived organizational support: Reducing the negative influence of coworker withdrawal behavior. *Journal of Management*, 34 (1): 55 – 68.

Fornell, C. & Larcker, D. F. (1981). Evaluating structural equation models with unobservable variables and measurement error. *Journal of Marketing Research*, (20): 39 – 50.

Gong, Y. (2010). Employee learning orientation, transformational leadership, and employee creativity: The mediating role of employee creative self - efficacy. *Development and Learning in Organizations*, 52 (2): 765 - 778.

Gersick, C. J. (1988). Time and transition in work teams: Toward a new model of group development. *Academy of Management Journal*, 31 (1): 9 - 41.

Gardner, H. (1993). *Creating minds: An anatomy as seenthrough the lives of Freud, Einstein, Picasso, Stravinsky, Eliot, Graham and Gandhi*. Harper Collins Publishers. 21 (1): 19 - 41.

Gelade, G. A. & Ivery, M. (2003). The impact of human resource management and work climate on organizational performance. *Personnel psychology*, 56 (2): 383 - 404.

Gorsuch, R. L. (1990). Common factor analysis versus component analysis: Some well and little known facts. *Multivariate Behavioral Research*, 25 (1): 33 - 39.

Hewitt - Dundas, N. (2013). The role of proximity in university - business cooperation for innovation. *Journal of Technology Transfer*, 38 (2): 1 - 23.

Hu, K. & Tu, M. E. (2016). Research Progress on Synergic Innovation Theory - A Literature Review. *International Journal of Economics & Management Sciences*. 26 (1): 18 - 31.

Huff, A. S. (2000). Citigroup's John Reed and Stanford's James March on management research and practice. *The Academy of Management Executive*, 14 (1): 52 - 64.

Huber, G. P. (1991). Organizational learning: The contributing processes and the literature. *Organization Science*, (2): 88 - 115.

Howard, H. H., Ashe, J., Bennett, H., & Poindexter, R. (1974). Broadcasting. *Communication Booknotes*, 6 (2), 20 - 20.

James, K. (1983). The social context of organizational justice: Cultural, intergroup, and structural effects on justice behaviors and perceptions. *Justice in the workplace: Approaching Fairness in Human Resource Management*, (9): 21 - 50.

Juga J. (2013). Organizing for network synergy in logistics. *International Journal of Physical Distribution & Logistics Management*, 26 (2): 51 -67.

Juga, J. (1996). Organizing for network synergy in logistics: A case study. *International Journal of Physical Distribution & Logistics Management*, 26 (2): 51 -67.

Kanter, R. M. (1983). *The Change Masters: Binnovation and Entrepreneturship in the American Corporation.* Touchstone Book.

Kanter, R. M. (1986). Creating the creative environment. *Management Review*, 75 (2): 11 -12.

Livingstone, L. P., Nelson, D. L. & Barr, S. H. (1997). Person – environment fit and creativity: An examination of supply – value and demand – ability versions of fit. *Journal of Management*, 23 (2): 119 -146.

Liu, Y. H. & Tsai, J. H. (2009). Effect of temperature on development, survivorship, and fecundity of lysiphlebia mirzai (Hymenoptera: Aphidiidae), a Parasitoid of Toxoptera citricida (Homoptera: Aphididae). *Environmental Entomology*, (31): 418 -424.

Leydesdorff, L. (2013). *Triple helix of university – industry – government relations.* Springer New York.

Leydesdorff, L, Etzkowitz, H. (2001). The transformation of university – industry – government relations. *Electronic Journal of Sociology*, (16): 118 -129.

Leydesdorff, L, Etzkowitz, H. (2001). A triple helix of university – industry – government relations: Mode 2 and the globalization of National ? systems of innovation. *Science under Pressure*, (14): 7 -33.

Levinthal, D. A. & March, J. G. (1993). The myopia of learning. *Strategic Management Journal*, 14 (2): 95 -112.

Levitt, B., & March, J. G. (1988). Organizational learning. *Annual Review of Sociology*, (9): 319 -340.

March, J. G. (1991). Exploration and exploitation in organizational learning. *Organization Science*, 2 (1): 71 –87.

March, J. G, (1987). Shapira Z. Managerial perspectives on risk and risk taking. *Management Science*, 33 (11): 1404 –1418.

Madjar, N. , Oldham, G. R. & Pratt, M. G. (2002). There's no place like home? The contributions of work and nonwork creativity support to employees' creative performance. *Academy of Management Journal*, 45 (4): 757 –767.

Mumford, M. D. & Gustafson, S. B. (1988). Creativity syndrome: Integration, application, and innovation. *Psychological Bulletin*, 103 (1): 27 –39.

Mumford, M. D. , Scott, G. M. , Gaddis, B. & Strange, J. M. (2002). Leading creative people: Orchestrating Expertise and Relationships. *The Leadership Quarterly*, 13 (6): 705 –750.

Ng, T. W. , Lucianetti, L. (2016). Within – individual increases in innovative behavior and creative, persuasion, and change self – efficacy over time: A social – cognitive theory perspective. *Journal of Applied Psychology*, 101 (1): 123 –145.

Oldham, G. R. & Cummings, (1996). A Employee creativity: Personal and contextual factors at work. *Academy of Management Journal*, (39): 607 –634.

Park, H. W. & Leydesdorff, L. (2010). Longitudinal trends in networks of university – industry – government relations in South Korea: The role of programmatic incentives. *Research policy*, 39 (5): 640 –649.

Rialp, A, Rialp J. & Knight, G. A. (2005). The phenomenon of early internationalizing firms: What do we know after a decade (1993 –2003) of scientific inquiry? *International Business Review*, 14 (2): 147 –166.

Reiter – Palmon, R. (2011). Introduction to special issue: The psychology of creativity and innovation in the workplace. *Psychology of Aesthetics, Creativity, and the Arts*, 5 (1): 1 –15.

Sackmann, S. A. (1992). Culture and subcultures: An analysis of organizational knowledge. *Administrative Science Quarterly*, (35): 140-161.

Shalley, C. E., Zhou, J. & Oldham, G. R. (2004). The effects of personal and contextual characteristics on creativity: Where should we go from here?. *Journal of Management*, 30 (6): 933-958.

Shalley, C. E. & Blum, T. C. (2009). Interactive effects of growth need strength, work context, and job complexity on self - reported creative performance. *Academy of Management Journal*, 52 (3): 489-505.

Smith, A., Oczkowski E. & Noble, C. (2013). New management practices and enterprise training in Australia. *International Journal of Manpower*, 24 (1): 31-47.

Song, H. & Wu, L. (2016). Evaluating the collaborative innovation of tourism management specialty's three dimensional teaching mode based on online learning. *Innovation*, 9 (3): 25-34.

Simon, H. A. (1991). Bounded rationality and organizational learning. *Organization Science*, (2): 125-134.

Scott, S. G. & Bruce, R. A. (1994). Determinants of innovative behavior: A path model of individual innovation in the workplace. *Academy of management journal*, 37 (3): 580-607.

Salancik, G. R. & Pfeffer, J. (1978). A social information processing approach to job attitudes and task design. *Administrative Science Quarterly*, (18): 224-253.

Senge, P. M. (1997). Sharing knowledge. Executive Excellence. *Academy of management Journal*, (15): 11-18.

Tierney, P., Farmer, S. M. & Graen, G. B. (1999). An examination of leadership and employee creativity: The relevance of traits and relationships. *Personnel Psychology*, 52 (3): 591-620.

Levitt, T. (1990). *A imaginação de marketing*. Atlas.

Vakulov, B. G. & Samko, S. G. (1994). Determinants of innovative behavior:

A path model of individual innovation in the workplace. *Academy of Management Journal*, 37 (3): 580 –607.

Vera, D., Crossan, M. (2004). Strategic leadership and organizational learning. *Academy of Management Review*, 29 (2): 222 –240.

Van de Ven, A. H. & Ferry, D. L. (1980). *Measuring and assessing organizations*. John Wiley & Sons, (6): 22 –40.

Van Dyne, L., Jehn, K. A. & Cummings, A. (2002). Differential effects of strain on two forms of work performance: Individual employee sales and creativity. *Journal of Organizational Behavior*, 23 (1): 57 –74.

Wilson, A., Kotler, P. & Levitt, T. (1992). *New Directions in Marketing: Business – to – Business Strategies for the 1990s*. NTC Business Books.

Williams, P. (2010). Countryside Survey: Ponds report from 2007. *countryside Survey Ponds Report from*. (1): 17 –40.

Woodman, R. W., Sawyer, J. E. & Griffin, R. W. (1993). Toward a theory of organizational creativity. *Academy of Management Review*, 18 (2): 293 –321.

Zollo, M. & Winter, S. G. (2002). Deliberate learning and the evolution of dynamic capabilities. *Organization Science*, (13): 339 –352.

Zhou, J. & Shalley, C. E. (2003). Research on employee creativity: A critical review and directions for future research. *Research in Personnel & Human Resources Management*, 22 (3): 165 –217.

Zhou, J. & Oldham, G. R. (2001). Enhancing creative performance: Effects of expected developmental assessment strategies and creative personality. *The Journal of Creative Behavior*, 35 (3): 151 –167.

Zhou, J. & George, J. M. (2001). When job dissatisfaction leads to creativity: Encouraging the expression of voice. *Academy of Management journal*, 44 (4): 682 –696.

Zhou, J. (2007). Promoting creativity through feedback. *Handbook of Organizational Creativity*.

后 记

本书由广西一流学科（培育）建设项目（桂教科研〔2018〕12号）：百色学院马克思主义理论一流学科（培育）资助，泰国正大管理学院授权出版，系2019年度广西高等教育本科教学改革工程项目"应用型本科高校校企'协同创新'对创新型人才培养模式研究与实践"（项目编号：2019JGA304）、2018广西新增硕士学位授予单位立项建设项目（百色学院）、2015年广西哲学社会科学研究规划课题"左右江革命老区协同创新机制与激励政策研究"（项目编号：15BGL001）、2017年度广西高等教育本科教学改革工程项目"欠发达地区应用型本科高校校中企平台构建与发展模式研究"（项目编号：2017JGZ154）、2013年度广西高等教育教学改革工程项目"基于校企合作的家政专业订单模式的研究与实践"（项目编号：2013JGA230）等省部级项目中期研究成果之一。

  本书探讨了校企合作是应用技术大学培养创新型人才创造力的有效途径，研究结果显示，学校校企合作行为、企业校企合作行为都对学生的创造力有显著影响。其中，企业在协同创新过程中所发挥的作用更大，也就是说企业在培养创新型人才创造力方面能给校方、学生带来很多新的资源。因此，学校一定要秉持开门办学的原则，主动"走出去、引进来"，制定各种优惠政策引企入校，才能进一步提升自身的办学水平和人才培养水平。一般来说，国有大中型企业是高校理想的合作对象，但由于国有企业用人机制和体制的问题，对人才培养方面的投入并不十分到位。从深度访谈中发现，目前中小型企业对于人才的需求日渐扩大，因

后记

此，应用技术大学应调整办学思路，根据专业建设和自身的人才培养规格，结合市场需求情况将中小企业作为校企合作的重点对象。一旦有了创新和资金的持续投入，加上校企合作教育中可靠的人力资源后备保障，现有的中小企业将来可能会成为大企业，另外，中小企业在发展过程中所需要的人才与应用技术大学的人才培养目标层次相符合，在校企协同创新的过程中更有利于创新型人才培养目标的实现。

企业应发挥自身优势，通过校企合作加大对创新人才的培养力度。相对于学校校企合作行为而言，企业校企合作行为在培养创新人才创造力方面发挥的作用更大。研究表明，企业是否提供指导老师、企业对参与校企合作学生的信任以及创新的鼓励程度和对犯错误的容忍程度等，都影响着参与校企合作学生的创造力水平。企业应该在环境和人力资源配备上做出努力。首先，企业应选拔有经验的企业员工或师傅来担任学生的实习指导老师，一旦建立起良好的导师关系，就可以放大企业环境中的积极因素的影响，降低消极因素的不利影响。企业导师可以在指导学生完成项目的过程中，利用小组研讨会、项目交流会和定期培训等形式来营造一种充满信任、宽松自由和鼓励创新的工作氛围，把参与校企合作的学生当成准员工，给他们提供充分的信任，以平等的身份同学生一起探讨新的想法，开拓创新思维，允许学生在一定可控范围内试错，从而提高学生的创造力，同时也有利于个人创新上升为组织创新，从而提高企业的创新绩效。

在本书的撰写过程中，首先要感谢哈尔滨工业大学王铁男博士、教授给予的高质量指导。其次，要感谢泰国正大管理学院中国研究生中心徐二明教授、洪风教授、陈昇教授给予的指导。最后，也感谢参与校企合作的实习生们，他们以极大的热情，帮助笔者完成了第一手资料的收集，感谢他们对著作调查工作所给予的大力帮忙与支持。同时，本书还吸收了许多专家、学者的研究成果和文献，在此谨致谢意。

本书得以公开正式出版，在此对百色学院唐拥军教授、金长义教授、徐魁峰教授、罗志发教授、兰翠玲教授、吕嵩崧教授、周叮波教授、曹阿林博士、韦顺国博士等领导专家表示衷心的感谢。

由于受到资料和笔者学识的限制，书中难免存在疏漏和不妥之处，敬请专家、读者给予批评指正。